Manfred. Günter. Wolfgang.

Eine Kindheit in den 60er Jahren in Wien

edition 2t_Buch

Bibliografische Information der Deutschen Nationalbibliothek: Die Deutsche Nationalbibliothek verzeichnet diese Publikation in der Deutschen Nationalbibliografie; detaillierte bibliografische Daten sind im Internet über http://dnb.dnb.de abrufbar.

1. Auflage 03/2024
Coverlayout: Lis Levell
Umschlagfoto: pixabay
Alle anderen Fotos: Klee
Basislayout: www.blueidea.at

Verlag: *edition 2t_Buch*
Dominik Hartel Buch-, Kunst- und Musikalienverlag
A-3423 Wördern
ISBN Taschenbuch: 978-3-903273-15-3

M.G.W. Klee

Manfred. Günter. Wolfgang.

Eine Kindheit in den 60er Jahren in Wien

Literatur ist der Versuch, ein wahres Wort von Mensch zu Mensch zu ermöglichen.

(Franz Kafka)

Die Brüder

Manfred (geb. 1957), der Sensible
Günter (geb. 1958), der Vorlaute
Wolfgang (geb. 1960), der Ruhige

Die Schauplätze

Kontakt

Buchbestellungen und Lesungsanfragen unter
mgwklee@gmail.com

Vorwort

Aufgewachsen sind wir in einer Wohnung in der Kinderspitalgasse 3, im 9. Wiener Gemeindebezirk. Das Haus wurde 1956 erbaut, die Eigentumswohnungen verfügten bereits über ein Bad und ein WC und waren relativ großzügig angelegt. Außerdem gab es einen Aufzug, eine Waschküche im sechsten Stock und einen Keller.

Unsere Wohnung war die Hausmeisterwohnung im Erdgeschoß. Zu fünft lebten wir auf $45m^2$, bestehend aus einer Küche, einem Zimmer und einer Toilette mit einem Waschbecken. Geheizt wurde in der kalten Jahreszeit mit einem Kohleofen in der Küche, die Kohlen mussten aus dem Keller geholt werden.

Wolfgang und ich schliefen in einem Stockbett (er oben, ich unten), Günter auf einer Couch und Mama und Papa in einem Doppelbett. Das Zimmer hatte ein großes Fenster zum Hof.

Kennengelernt haben sich Mama und Papa Mitte der fünfziger Jahre bei der Arbeit in Wien. Mama kam aus dem Waldviertel und fand eine Anstellung als Kindermädchen bei der Familie der Bäckerei Haag auf der Landstraßer Hauptstraße 44. Papa kam aus Lend in Salzburg und arbeitete bei der Firma Haag als Zuckerbäcker, musste aber wegen einer Allergie sehr bald den Beruf aufgeben.

Mama war dann Hausbesorgerin, Papa arbeitete in einer Garage in der Hernalser Haupstraße 84 als Tankwart und Garagenarbeiter.

In der Kinderspitalgasse 3

Manfred

Wenn wir abends in unseren Betten lagen, waren wir meistens noch wach und es gab zwei Möglichkeiten, uns die Zeit zu vertreiben: Singen oder Geschichten erzählen. Gesungen haben wir in einer Endlosschleife immer nur diese Zeilen von Freddy Quinn:

»Junge, komm bald wieder, bald wieder nach Haus.
Junge, fahr nie wieder, nie wieder hinaus.
Ich mach mir Sorgen, Sorgen um dich.
Denk auch an morgen, denk auch an mich.
Junge, komm bald wieder, bald wieder nach Haus.
Junge, fahr nie wieder, nie wieder hinaus.«

Weitere Einschlaflieder waren »Ganz in Weiß« von Roy Black und »Barbara Ann« von den Beach Boys. Auch hier sangen wir uns nur mit den Refrains in den Schlaf.

Der Geschichtenerzähler war Günter.

»Günter, erzähl' das Märchen von der Hexe!«, baten wir ihn und er ließ sich nicht lange bitten und erzählte und erzählte, ließ seiner Phantasie freien Lauf.

Wolfgang und ich hörten gebannt zu, stellten ab und zu Fragen, die Günter stets anspornten, immer weiter zu fabulieren. Am nächsten Abend baten wir ihn dann: »Erzähl' weiter, wo du gestern aufgehört hast!«

Das funktionierte immer. Irgendwann schliefen wir ein.

Papa kam wieder einmal nicht nach Hause und daher durfte ich bei Mama schlafen. Das Ehebett stand so, dass man, wenn man den Kopf nach links drehte, durch das Fenster in den Hof sehen konnte. In der Nacht wachte ich auf, blickte hinaus und sah eine strahlend weiße Frau. Sie schwebte über dem Boden und bewegte sich nicht.

»Mama, Mama, die weiße Frau!«, schrie ich in Panik und weckte Mama auf.

»Wo?«, fragte sie.

»Im Hof«, sagte ich.

»Da ist niemand.«

Und tatsächlich: Als ich wieder zum Fenster hinausblickte, war sie weg und der Hof lag wie eh und je im Finstern. Ich habe mich danach immer wieder gefragt, was geschehen wäre, wenn ich Mama nicht aufgeweckt hätte. Ob die weiße Frau nähergekommen wäre? Ob sie mit mir gesprochen hätte? Ich träumte häufig vom Fliegen. Im Hof nahm ich Anlauf und mit Schwimmbewegungen wie beim Brustschwimmen hob ich ab und stieg in die Lüfte empor. Ich musste mich ganz schön anstrengen, um aus dem engen Hof hinauszukommen. Unter mir sah ich die Stadt mit ihren Dächern und den Stromleitungen der Straßenbeleuchtung und der Straßenbahn. Mit Brustschwimmbewegungen schwebte ich mühelos vorwärts. Ein Gefühl von grenzenloser Freiheit und unendlichen Glücks durchströmte mich während des Fliegens. Wenn es Zeit wurde zurückzufliegen, musste ich zwischen den Stromleitungen durchmanövrieren, um sicher landen zu können. Wie oft wünschte ich mir vor dem Einschlafen diesen Traum. Manchmal ging er in Erfüllung, manchmal nahm ich zwar Anlauf, konnte aber trotz aller Anstrengung nicht abheben und entschwinden.

Zu essen hatten wir immer genug. In der Früh gab es Kakao – »Gaugau«, wie wir sagten – mit einem Marmeladebrot. Das Brot war meist der gestaubte Wecken. Zu Mittag war es die einfache, aber gute österreichische Küche, manchmal auch süß, wie z.B. Palatschinken, Marillenknödel, Reisauflauf, oft aber auch Faschiertes als Laibchen oder mit Fleckerln. Das eine oder andere Mal gab es auch Eiernockerl, am Abend dann Grießkoch mit einem Stück Butter und Zimt oder Kakao. Hatten wir zwischendurch Hunger, machte uns Mama ein Butterbrot mit Marmelade und streute auf unseren Wunsch auf die Butter Kristallzucker darauf.

Mama ließ auch Schmalz aus. Der Geruch beim Auslassen des fetten Speckes lockte uns an und wir warteten immer ungeduldig, bis die ersten Grammeln fertig waren. Die heißen Grammeln mit Salz waren knusprig und wir langten kräftig zu. Dann kam das Schmalz in einen weißen Krug und sobald es ausgekühlt war, gab es Schmalzbrot mit Salz.

Zum Einkaufen ging Mama meist allein. Der Fleischhauer befand sich gleich ums Eck in der Alserstraße und wenn ich einmal mitgehen durfte, bekam ich immer ein kleines Stück vom Anschnitt oder vom Rest der Wurst, meist war es Extrawurst.

Von klein auf hatte man mir beigebracht, den Diener zu machen, wenn die Eltern Erwachsene auf der Straße trafen oder wenn wir Besuch hatten, was sehr selten vorkam. Vergaß ich es einmal, kam sofort das »Mach den Diener!« von Mama. Mir gefiel das, weil die Erwachsenen davon ganz angetan waren und mich einen gut erzogenen und höflichen Buben nannten. Sie waren in jedem Fall ein wenig erstaunt, dass es diese Verbeugung bei der Begrüßung noch gab, weil sie zu Beginn der 60er Jahre bereits ein bisschen aus der Zeit gefallen schien.

Am Zimmermannplatz war ein Beserlpark mit ein paar fest montierten Spielgeräten. Das Schaukeln wurde schnell langweilig und deshalb gingen wir dazu über, uns fest vom Boden abzustoßen, sodass das Gegenüber heftig aufprallte und wenn es sich nicht festhalten konnte, unfreiwillig abstieg. Dann gab es noch eine Holztrommel, links und rechts davon ein Gestänge zum Festhalten. Nach dem schwierigen Aufstieg – die Trommel drehte sich ja – konnte man darauf laufen. Und schließlich war da noch ein Fliegenpilz, eine Art Karussell. Auf der Unterseite der Fliegenpilzkappe waren Griffe montiert und mit Anlauf brachte man den Pilz zum Drehen. Natürlich wollten wir, dass es immer schneller ging, sodass wir die Füße abwinkeln konnten und uns fliegend im Kreis drehten. Das ging ganz gut, wenn einer von uns antauchte, aber nicht so gut, wenn größere Buben kamen und uns so viel Schwung gaben, dass wir uns nicht mehr halten konnten und hart auf dem Boden aufschlugen. Weniger interessant war ein Gestell mit vier Röhren, das nach oben breiter und durch ein kreisrundes Gestell abgeschlossen wurde. Aufgabe war, es mit winzig kleinen Aufstiegshilfen aus Metall auf den Rohren bis nach oben zu schaffen.

Der Park war nur fünf Minuten von zuhause entfernt und wir gingen gern hin, um ein bisschen Abwechslung zu haben. Auch Fußball spielten wir dort, weil der Park mit einem Maschendrahtzaun gegen die Straße abgegrenzt war. Manchmal flog der Ball natürlich über den Zaun, dann musste man ihn von der Fahrbahn holen. Bei so einer Gelegenheit jagte ich dem Ball nach und kletterte über den Zaun, anstatt den längeren Weg über das kleine Türl zu nehmen. Nach einiger Zeit bemerkte ich, dass meine Hose auf der Innenseite des linken Oberschenkels einen Riss hatte und spürte Feuchtigkeit am Bein. Ich ging nach Hause und zog die Hose hinunter. Da sah ich, dass ich eine große Fleischwunde hatte, die kaum blutete, dafür aber brannte. Offensichtlich war ich am Zaun hängen geblieben. Ich war allein zu Hause. Papa war arbeiten. Und Mama? Ich fuhr in den sechsten Stock in die Waschküche. Abgesperrt! Niemand da! In meiner Not klingelte ich bei Herrn Ing. Winkler, der mit mir ins alte AKH fuhr. Dort bekam ich sofort eine Spritze direkt in die Wunde hinein. Anschließend wurde sie zugenäht und das Bein eingegipst. Zurückgeblieben ist eine hässliche große Narbe, weil der Chirurg die Haut in der Umgebung der Wunde einfach zusammengezogen hat.

»Er war schlimm.« Ich wusste, was das bedeutete, wenn Mama das zu Papa sagte, wenn er von der Arbeit heimkam: Strafe! Den Keller fürchtete ich mehr als die Schläge. Ich wurde aus der Wohnung den Gang entlang zur Kellertür gezerrt, die Kellertreppe hinunter, hinein ins Kellerabteil, zugesperrt, das Licht abgedreht und Papa ging wieder in die Wohnung hinauf. Mama hatte immer Rattenköder im Keller ausgelegt und daher wusste ich, dass es Ratten geben musste. So spürte ich, wie sie den langen dünnen Schwanz um meine Finger wickelten und schrie nach Mama und Papa.

Irgendwann kam mich jemand holen. Stillen Trost und Verständnis gab es nur bei Günter und Wolfgang.

In den Nächten suchte mich noch Jahre später derselbe Albtraum heim. Ich bin im Aufzug und habe EG gedrückt, der Aufzug bleibt aber nicht stehen, sondern fährt immer weiter nach unten. Kein Notstopp funktioniert. Ich bin im Keller. Der Aufzug bleibt stehen, ich drücke immer wieder auf EG, nichts passiert. Im Aufzug ist Licht, aber durch die Scheibe sehe ich, dass es im Keller dunkel ist. Ich traue mich nicht, die Tür zu öffnen. Kohlen waren natürlich auch in unserem Kellerabteil gelagert. Wenn ich die Kohlen holen musste, hatte ich immer ein mulmiges Gefühl und war froh, wenn ich wieder oben war. Manchmal wurde aber der Aufzug gerufen, während ich die Kohlen in den Kübel schaufelte. Die Zeit, bis er aus irgendeinem Stock zurück in den Keller kam, dauerte ewig.

Papa hatte sich im Klo eingesperrt und drohte damit, sich umzubringen. Ich versuchte die Tür aufzubekommen, indem ich mit einem Schraubenzieher die Türschnalle abmontieren wollte. Das gelang natürlich nicht. Er machte die Tür einen kleinen Spalt breit auf und zeigte, wo er sich am Unterarm mit der Rasierklinge geschnitten hatte. Es war nur ein kleiner Schnitt und auch nur ein schmaler Streifen Blut. Für mich sah es aber so aus, als würde er es ernst meinen.

Ich begann vor lauter Angst hysterisch »Nein! Papa, nicht!« zu schreien und stemmte mich mit meinem ganzen Gewicht gegen die Tür, damit er sie nicht wieder zumachen konnte. Aber er war stärker.

Da sagte Mama: »Lass ihn!«

Wir hatten keinen Fernseher. Ich empfand das nicht als Mangel und wir bettelten auch nicht darum, dass die Eltern einen kaufen sollten, es war einfach so. Aber wir hatten einige Möglichkeiten, wo wir hingehen konnten, wenn wir fernsehen wollten. Dazu gehörten Nachbarskinder, das Ehepaar Winkler im Haus, vor allem aber Tante Resi, die im Nachbarhaus wohnte. Sie war keine »echte« Tante, aber wir nannten sie immer so. Manchmal durfte ich am Samstag bei ihr übernachten und vom Bett aus um 20.15 Uhr einen Western anschauen. Tante Resi wohnte in einer Souterrainwohnung. Vom Hauseingang ging es den Gang entlang, bevor einige Stufen hinunter zu ihrer Wohnung führten. In ihrem WC lagerten neben der Toilette Stöße von Kronen-Zeitungen. Ich nahm mir einen Packen mit in den einzigen Raum der Wohnung und überprüfte, ob sie nach dem Erscheinungsdatum geordnet waren. Wenn nicht, ordnete ich sie danach, denn das war für die schwarzweißen Comic-Zeichnungen im hinteren Teil der Zeitung, die eine Geschichte in Fortsetzungen erzählten, wichtig. Es waren schmale Streifen, nicht mehr als drei oder vier Bilder in einer Ausgabe. Besonders mochte ich »Nick Knatterton«, einen Detektiv mit Schirmmütze und Pfeife, der Verbrechen aufklärte und wenn er eine Idee hatte, »Kombiniere!« sagte.

Besonders freuten wir uns immer auf das »Messeprogramm«. Während der Wiener Messe begann der ORF nämlich schon um 14.00 Uhr zu senden. Wenn »Comedy Capers« auf dem Programm stand, suchten wir intensiv nach einer Möglichkeit fernzusehen. Eine halbe Stunde wurden kurze Stummfilme – »Slapsticks« – mit Dick & Doof, Ben Turpin, Buster Keaton, Charlie

Chaplin u.a. gezeigt. Falls wir niemanden fanden, zu dem wir gehen konnten, blieb uns immer noch das »Jonasreindl«. In der Unterführung – Haltestelle für einige Straßenbahnlinien – gab es ein großes Schaufenster und dahinter vier oder fünf Fernseher, die gleichzeitig liefen und das Messeprogramm zeigten. War »Comedy Capers« vorbei, gingen wir wieder nach Hause.

Der Sonntag war ein gefährlicher Tag. Da war Papa zu Hause. Wenn er am Vortag unterwegs gewesen war, schlief er länger und wir mussten ruhig sein. Um elf Uhr schaltete er das Radio ein, er hörte gern den »Frühschoppen«. Wieder mussten wir ruhig sein. Nach dem Mittagessen legte er sich nieder und abermals war Stille von unserer Seite angesagt. Ging es bis hierher gut, kamen wir in den Genuss, mit ihm spielen zu dürfen. Es gab eine Märklin-Eisenbahn mit Schienen, Lokomotiven, Waggons und einem Trafo, mit dem die Geschwindigkeit der Loks geregelt wurde. All dies befand sich in einem kleinen braunen Koffer. Schon beim Zusammenbauen der Schienen durfte man sich keinen Fehler erlauben. Steckten die Anschlüsse nicht ganz genau ineinander, entgleiste der Zug und Papa wurde wütend und schimpfte mit uns. Den Transformator durfte nur er bedienen und wir schauten zu, wie der Zug Runde um Runde drehte. Waren wir zu laut, mussten wir alle drei auf Legosteinen oder auf den Schienen der Eisenbahn knien. Da wussten wir uns aber zu helfen. Wir verschoben die Legosteine oder die Schienen einfach unter den Knien ein wenig zur Seite, dann tat es nicht so weh. Manchmal schlug er auch mit der flachen Hand zu.

Mama sagte nur: »Nicht ins Gesicht, das sieht man ja.«

Sie holte einen Waschlappen, befeuchtete ihn mit kaltem Wasser und drückte ihn mir in die Hand, damit ich ihn auf die Wange legen konnte. War ich am Montag noch rot und geschwollen, blieb ich von der Schule zuhause.

Herr Winkler dürfte irgendwann erfahren haben, dass wir eine Eisenbahn haben und lud Papa und mich ein, seine zu besichtigen. Wir klopften eines Tages an die Wohnungstür und er führte uns in ein Zimmer, wo auf einer riesigen Pressspanplatte, die fast den ganzen Raum einnahm, eine Eisenbahnanlage aufgebaut war, die so groß war, dass ich auf einen Blick gar nicht alle Einzelheiten aufnehmen konnte: Bahnhöfe, Bahnübergänge, Signallampen, Bäume, Häuser, Straßen, Autos und Personen- und Lastzüge, die auf mehreren Gleisen gleichzeitig fuhren. Das Schienennetz hatte unzählige Weichen und die Eisenbahn wurde von vier oder fünf Transformatoren gesteuert. Wir hatten gerade einmal zwei Weichen, die aber die meiste Zeit gar nicht zum Einsatz kamen, weil eine oder beide kaputt waren, und so blieb es bei einem einfachen Kreis, auf dem die Loks mit ein paar Waggons ihre Runden drehten. Papa sagte nicht viel und wir blieben auch nur sehr kurz. In diesem Moment schämte ich mich für unsere Eisenbahn, die im Vergleich zu jener von Herrn Winkler so armselig war.

Papa konnte mit uns nicht lustig sein. Das Verständnis dafür, was für ein Kind lustig war und worüber man gemeinsam lachen konnte, fehlte ihm vollständig.

Einmal saß er an einem Sonntag beim »Radio-Frühschoppen« mit nacktem Oberkörper auf dem Boden, kniff mit einer Hand einmal die rechte und dann die linke Brustwarze zusammen, schaute mich an und fragte: »Coca Cola oder Chabesade?« Das amüsierte ihn derart, dass er es mehrmals wiederholte und dabei lachte. Ich konnte nicht verstehen, was daran so lustig sein sollte, sondern fand es seltsam und verstörend.

Waren wir mit Mama allein und es wurde ihr mit uns zu viel, dann sagte sie, dass sie uns in ein Heim stecken würde, wenn wir nicht brav wären. Das beeindruckte uns nach einiger Zeit nicht mehr, weil wir merkten, dass es eine leere Drohung war. Gefürchtet haben wir uns vor dem Satz »Ich sag's Papa«, denn dann blieb es nicht bei der Drohung.

Am liebsten spielte ich mit Matador. Jedes Jahr wünschte ich mir zu Weihnachten einen neuen Satz Matador. Begonnen hatte ich mit der Nummer 1. Vor Weihnachten schrieb ich einfach »Matador« und dann die nächstfolgende Nummer in den Brief an das Christkind. Das ging mehrere Jahre so. Stundenlang konnte ich auf dem Boden sitzen und nach Anleitung einen Kran, ein Auto oder ein Flugzeug bauen.

Ich hatte auch ein rotes Kaleidoskop, es hieß »Wundertüte« oder vielleicht auch »Zaubertüte«. Ich hielt es vor einem Auge gegen das Licht und sah ein regelmäßiges buntes Muster, meistens Sterne, die sich aus vielen kleinen Steinchen zusammensetzten. Drehte man vorne, ergab sich ein neues Muster. Ich konnte mich nicht satt sehen und drehte wieder und wieder.

Miteinander haben wir oft mit Matchbox-Autos gespielt. Jeder hatte »seine« Autos, mit denen nur er spielen durfte. Wehe, man nahm ein anderes Auto, ohne zu fragen! Als Straßen eigneten sich die unterschiedlich bunten Streifen auf dem Fleckerlteppich, die Motorengeräusche steuerten wir bei.

In unmittelbarer Nähe in der Kinderspitalgasse gab es ein Spielzeuggeschäft. Wir waren nur ganz selten drinnen, weil das Geld für wichtigere Dinge gebraucht wurde. Hin und wieder erbettelten wir von Mama aber ein Matchbox-Auto, das wir in der Auslage gesehen hatten.

Lego hatten wir auch. Auf einer kleinen grauen Bodenplatte bauten wir fast immer ein Haus aus den roten und weißen Steinen. Am tollsten waren die Fenster. Zum Schluss kam ein Dach darüber. Die Legosteine befanden sich alle wild zusammengewürfelt in einer Schachtel und das Geräusch beim Umrühren in der Schachtel, um einen passenden Legostein zu finden, klingt mir heute noch im Ohr. Lego konnte man nicht miteinander spielen, sondern immer nur allein. So hielt mein Haus auch nicht lange, weil einer meiner Brüder es abriss, um sein eigenes zu bauen. Das machte mir aber nichts aus, denn am nächsten Tag erging es ihm genauso.

Malhefte waren immer schnell ausgemalt. Das Erfolgserlebnis war dementsprechend kurz und wenn das Bild einmal fertig war, war es nicht mehr interessant. Besonders gern hatte ich die »Zauberseiten«. Das waren auf den ersten Blick leere weiße Seiten, die erst beim großflächigen Drüberfahren mit einem Blei- oder Buntstift das Motiv erkennen ließen. Hielt man die leere Seite allerdings schräg gegen das Licht, konnte man auch schon vorher erkennen, was es sein würde, da sich die Linien vom weißen Papier etwas abhoben.

Wir waren viel im Hof. Dort, wo eine Seite unseres Hofes vom Hof des Nachbarhauses durch einen Zaun getrennt war, stand eine Klopfstange, ein Gerüst aus Holz, das zum Teppichklopfen gedacht war, uns aber als Turngerät diente. Eine andere Seite des Hofes war durch eine Mauer begrenzt. Natürlich spielten wir auch Fußball. Das Aufprallen des Balles auf die große Mauer muss für die Hausbewohner wie ein Kanonenschlag geklungen haben. Die Wand war zwar ziemlich hoch, trotzdem gelang es uns immer wieder, den Ball darüberzuschießen. Er landete dann auf dem Flachdach der Firma Ciba Geigy im Nachbarhof. Um ihn wieder zu bekommen, mussten wir ins Nebenhaus gehen und unten beim Empfang der Firma unser Anliegen vorbringen, worauf jemand den Ball vom Dach holte und wir wieder abzogen. Hin und wieder ging auch eines der Fenster in den oberen Stockwerken auf und jemand rief herunter, dass wir jetzt endlich einmal mit dem Fußballspielen aufhören sollten. Mir war das völlig unbegreiflich, wie sich jemand aufregen konnte, wir spielten ja nur Fußball.

In dem kleinen Hof drehten wir auch Runde um Runde mit unserem grünen Tretroller. Immer wenn wir über den Kanaldeckel fuhren, schepperte es laut. Manchmal kam ein Bub vom Nachbarhaus zum Maschendrahtzaun und fragte uns, ob er herüberkommen und mitspielen dürfe. Waren wir gerade in der Wohnung und hatten keine Lust, stand er lange am Zaun, hielt sich mit seinen kleinen Händen am Maschendraht fest und rief minutenlang immer wieder »Buuubi! Buuubi!« in der Hoffnung, wir würden in den Hof kommen und mit ihm spielen. Nicht immer stand uns der Sinn danach und seine Rufe verhallten ungehört.

War das Wetter schlecht und wir durften nicht hinaus und uns fiel auch sonst nichts ein, was wir tun könnten, drängten wir uns zu dritt im Bad vor dem Waschbecken. Wir wollten einen neuen Duft kreieren, ein besonderes Parfum. In einem Becher mischten wir alles, was wir finden konnten, zusammen: das Rasierwasser Pitralon, das Parfum Chat Noir, Zahnpaste, Seife und manches andere. Mit dem Ergebnis waren wir nie zufrieden. Nicht nur, dass es unansehnlich war, stank es auch ganz fürchterlich. Also schnell die ganze Brühe ins Waschbecken gegossen, alles geputzt und auf zu neuen Taten!

Ein beliebtes Ausflugsziel war der Hanslteich in Neuwaldegg. Der 43er fuhr durch unsere Straße und die Endstation mit der Schleife war eben Neuwaldegg. Von dort ging es eine steile Straße hinauf bis zum Eingang des Neuwaldegger Schlossparkes. Die beiden Obelisken, die links und rechts den Weg säumten, nannten wir wegen ihrer Form »Maggi«. Wenn wir dann in den Wald einbogen, gab es kein Halten mehr: Wir liefen wie die Wilden und tobten uns so richtig aus. Einmal fand ich einen großen, braunen Klumpen, den ich in die Hand nahm und Mama zeigte. Sie schrie erschrocken auf und sagte, ich solle das sofort wegwerfen! Es war eine dicke, fette Kröte! Beim Hanslteich gab es einen Bootsverleih und eine Holzhütte, wo man eine Kleinigkeit essen konnte. Ob wir je Boot gefahren oder dort eingekehrt sind, weiß ich nicht mehr. Auf jeden Fall war bei diesen Ausflügen immer nur Mama mit dabei, nie der Vater.

Zum Zahnarzt – in unserem Fall zum Dentisten – ging man nur, wenn man Zahnweh hatte. Als es wieder einmal so weit war, wurde mir ein Zahn gerissen und dabei verletzte mich der Dentist mit der Zange am Gaumen. Er drückte mir eine blutstillende Watte auf die Wunde, die ich noch eine Weile drin lassen sollte. Die Blutung ließ sich zu Hause jedoch nicht stillen und Mama stellte mir einen Kübel zum Bett, damit ich das Blut hineinspucken konnte.

Als es am nächsten Tag noch immer nicht besser war, fuhren wir ins alte AKH in die Zahnambulanz. Zwei Assistenten hielten mich fest, während mich der Arzt mit einer Nadel in U-Form ohne Betäubung am Gaumen nähte. Anschließend sagte er, dass ich sehr tapfer gewesen sei.

Die Waschküche befand sich im sechsten und letzten Stock des Hauses unter dem Dach. Mama stellte die Waschrumpel in einen Trog und scheuerte mit einer Reibbürste die Wäsche. Dahinter kochte die Wäsche in einem mit Holz befeuerten Bottich aus Metall, der mit einem großen Holzdeckel abgedeckt war. Von Zeit zu Zeit rührte Mama mit einem riesigen Kochlöffel darin um. Zum Schwemmen kam die Wäsche in einen großen Holzbottich mit eiskaltem Wasser, durch das sie immer wieder gezogen wurde. War ich gerade zur Stelle, wenn die Wäsche fertig zum Aufhängen war, half ich beim Auswringen. Im Trockenraum gingen die Wäscheleinen von einem Ende des Raumes zum anderen und man musste unterhalb durchgehen. Die feuchte Wäsche strich einem dabei kalt über den Rücken. Meistens ging ich zu den Fenstern, die schräg ins Dach eingelassen waren, stellte mich auf einen Wäschekorb und hatte eine unbeschreibliche Sicht auf Wien. Oder ich schaute einfach in den Himmel. Im Frühling pfiffen die Schwalben vorbei und für einen Moment war alles gut.

Im Winter war der kleine Kanonenofen in der Küche die einzige Wärmequelle. Er wurde mit Koks befeuert und wenn es sehr kalt war, heizte Mama so stark ein, dass das Ofenrohr rot zu glühen begann. Manchmal saßen wir um den Ofen herum, wärmten uns und Mama legte Apfel- oder Orangenschalen auf die Ofenplatte. Das roch unheimlich gut.

Unser nächstgelegenes Kino war das »Royal« in der Hernalser Hauptstraße 32, circa fünfzehn Gehminuten entfernt. Papa nahm uns am Anfang wohl ein paarmal mit, ich erinnere mich aber nur daran, dass Wolfgang, Günter und ich allein hingingen: Es war ja fast immer die Nachmittagsvorstellung am Sonntag, die um 14.00 Uhr begann, Papa war zu dieser Zeit meist schon beim Wirten. Wir gingen beim Haustor hinaus, dann links Richtung Stadtbahnstation Alserstraße, überquerten den Gürtel und standen zehn Minuten später vor dem Kino. Wir waren alle mehr oder weniger über sechs Jahre alt und hatten nur Geld für die vorderen Reihen, die am billigsten waren. Es wurde oft die erste Reihe. Schon beim Vorlesen zu Hause, was es denn im »Royal« spielte, war die Vorfreude übergroß. Wir sahen die »Tarzan«-Filme mit Johnny Weißmüller in der Hauptrolle, sämtliche »Dick und Doof«-Filme und einige lustige Western mit »Fuzzy« als schrulligem Revolverhelden. »Zorro« war natürlich auch mit dabei. Bei einem unserer letzten Besuche reichte das Geld nicht, um für uns drei Karten zu kaufen, die Eintrittspreise hatten sich erhöht. Wir standen vor der Kassa und beratschlagten, was wir tun könnten. Das bekam ein Erwachsener mit und schenkte uns die paar fehlenden Schillinge.

Zu Onkel Wickerl und Tante Maria fuhren Mama und wir drei immer mit dem J-Wagen. Die Fahrt vom 9. in den 3. Bezirk dauerte lange. Waren wir erst einmal auf der Erdbergstraße, wussten wir, dass wir gleich da sein würden. Betrat man die Wohnung, stand man sofort in der Küche, ein Fenster ging zum Gang. Der nächste und einzige Raum war Wohn- und Schlafzimmer in einem. Tagsüber wurde das Bett hochgeklappt und ein Vorhang zugezogen.

Was mir jedes Mal sofort beim Betreten der Wohnung in die Nase stieg, war der scharfe und intensive Geruch nach Katzenurin. Peterle war mit Sicherheit nicht kastriert und markierte daher an allen Ecken und Enden der Wohnung. Ich mochte die beiden. Sie waren die einzigen Erwachsenen, die mit uns spielten. »Halma«, »Mensch ärgere dich nicht!« und »Mühle« standen immer auf dem Programm. Das Ganze fand in einer ruhigen, unaufgeregten und freundlichen Atmosphäre statt. Kein Wunder, dass wir gern bei ihnen waren. Zum Naschen hatten wir das ganze Sortiment von Manner, weil Tante Maria dort arbeitete.

Einmal klagte Onkel Wickerl über Schmerzen in den Beinen. Ich wollte auch einen Gesprächsbeitrag leisten und sagte: »Unkraut vergeht nicht!« Das war von mir nicht beleidigend, sondern aufbauend gemeint. Onkel Wickerl nahm es mir nicht übel und lachte sogar über meinen frechen Spruch.

Günter

Einmal in der Woche wurden wir in einer Blechbadewanne gebadet. Dann war immer jemand zu Besuch, entweder Frau Petter oder die Nachbarin, die sogenannte Tante Resi. Am ersten Mai mussten wir wieder einmal in die Wanne. Mama hob uns nacheinander vom Tisch herunter, setzte uns in die Wanne und der Waschlappen flitzte über unsere Körper. Nach circa zehn Minuten kam der nächste an die Reihe.

Mama wollte gerade bei mir mit der umfassenden Reinigung beginnen, als es klingelte. Sie öffnete die Tür, es war wieder einmal Frau Petter. Diesmal hatte sie drei kleine Fahnen dabei. Frau Petter sagte, diese habe sie beim Maiaufmarsch der SPÖ bekommen. Sie fragte unsere Mutter, ob sie jedem von uns eine Fahne geben dürfe. Mama hatte nichts dagegen. Wir sollten sie aber erst bekommen, wenn alle gebadet waren. Nach dem Baden saßen wir drei auf dem Küchentisch und schwangen die kleinen Fahnen, was das Zeug hielt. Links, rechts und immer schneller. Die Fahnen waren sehr klein und hatte einen dünnen Stiel aus Holz. Alles ging gut, bis Manfred begann, am Tisch nach vorne zu rutschen. Er verlor den Halt und kippte mit dem Kopf nach vorne vom Tisch. Er schrie vor Schmerz auf, denn er hatte sich den Fahnenstiel durch die Oberlippe gestoßen.

Mama schrie in Panik: »Diese Scheißfahnen!« und brach alle in zwei Teile.

Dann bemerkte sie, wie stark Manfred blutete, und versuchte die Blutung zu stillen. Es gelang ihr nicht. Inzwischen hatte Frau Petter reagiert und Hilfe vom St. Anna Kinderspital geholt. Der Arzt schaute sich die Wunde an, sagte, dass sie genäht werden müsse, und Mama und er nahmen Manfred mit. Wolfgang und ich konnten es nicht fassen und wir weinten vor uns hin. Wir wussten ja nicht, wann unser Bruder wieder aus dem Spital kommen würde. Während Mama mit im Spital war, passte Frau Petter auf uns auf. Irgendwann kam Mama mit unserem Bruder nach Hause. Sie sagte, die Wunde sei mit zwei Stichen genäht worden. Wir konnten die ganze Nacht nicht schlafen, denn Manfred hatte sicher große Schmerzen.

Am nächsten Tag ging Mama mit Manfred zur Kontrolle ins Spital. Sie erzählte uns nachher, dass der Arzt gesagt habe, die Wunde würde gut verheilen und wir sollten uns keine Sorgen machen, denn ein Indianer kenne keinen Schmerz.

Einmal, als Mama nicht zuhause war, schaffte es Wolfgang nicht auf die Toilette und machte daraufhin auf den Teppich. Manfred und ich nahmen die beiden Würstchen ganz vorsichtig mit Toilettenpapier auf und gingen langsam zur Muschel und weg damit. Es war nicht ein Kotfleckerl zu sehen.

Manfred und ich spielten Verstecken. Mama war am Zimmermannplatz einkaufen.

Als sie nach Hause kam, sagte ich: »Such den Manfred!«

Sie suchte, aber sie fand ihn nicht. Ich war stolz auf das Versteck, das mir eingefallen war. Mama begann die Einkaufstasche auszuräumen, als sie bemerkte, dass die Butterdose auf dem Kühlschrank stand. In dem Moment kam ihr wohl ein böser Verdacht, sie öffnete hektisch die Kühlschranktür, die – wie damals üblich – eine Verriegelung hatte, die von innen unmöglich zu öffnen war. Da hockte Manfred drin! Wir hatten den Kühlschrank ausgeräumt, um Platz für ihn zu schaffen. Dass die Luft darin knapp werden könnte, daran hatten wir nicht gedacht.

Sie holte Manfred heraus und schimpfte: »Machst du alles, was Günter sagt?«

Dann gab sie mir eine Ohrfeige.

In der Mariannengasse erfasste mich einmal ein Auto und ich wurde gegen den Zaun des St. Anna Kinderspitals geschleudert. Mir war nichts passiert, aber als Mama von dem Unfall erfuhr, stach sie sich vor Schreck mit der Nähnadel in die Hand. Ein anderes Mal nahm mich Papa mit der »Postlerharley« mit, als ein Pkw-Lenker die Autotür zur Straßenseite aufriss und Papa dagegenfuhr. Wir stürzten. Ich auf die Straßenbahngleise. Die Straßenbahn konnte gerade noch rechtzeitig bremsen. Gott sei Dank.

Meine Brüder und ich gingen im Haus auch den Zins abkassieren, zu zweit oder dritt, von Tür zu Tür. Es waren achtzehn Wohnungen. Alle Leute waren sehr alt. Ich erinnere mich an Frau Auer, Familie Winkler, Herrn und Frau Meserec und Frau Dolezal.

Papa überraschte uns manchmal mit einem Kinobesuch. Es spielte »Für eine Handvoll Dollar« mit Clint

Eastwood. Wir waren sieben oder acht Jahre alt. Der Film interessierte mich überhaupt nicht und ich schlief ein.

Mein Vater hatte die Gabe, an besonderen Tagen immer besonders schlechte Laune zu haben. Das war am Muttertag, zu Ostern, zu Weihnachten und an den meisten Feiertagen.

Wenn wir nicht brav waren, drohte Mama immer: »Wartet nur, bis Papa nach Hause kommt!« und schon bekam ich Angst, dass er mich wieder schlagen oder in den Keller sperren würde. Wenn er nicht nach Hause kam, schickte mich Mama ins Gasthaus Wittmann, gegenüber von unserem Haus. Dort stand er angetrunken herum und schickte mich mit den Worten weg: »Schau, dass d' hamkummst und sag der Mama, sie braucht nicht auf mich warten.«

Bubi, die Nervensäge, war immer allein im Hof und mit seinen zehn Fingern rüttelte er am Gitter des Maschendrahtzaunes, nein, er riss das Gitter hin und her und rief: »Buuubi! Buuubi! Bubi möchte mitspielen!«

Er durfte aber nicht zu uns herüber in den Hof, seine Mutter hatte es ihm verboten.

Eines Tages stand Bubi wieder am Zaun und sagte zu uns: »Meine Schwester hat vorne ein anderes Lulu. Wenn ihr es sehen möchtet, kommt zu mir rüber, meine Mama ist nicht da und ich hab einen Schlüssel für die Wohnung.«

Wir gingen um den Häuserblock zu ihm. Er sperrte die Wohnungstür auf und rief nach seiner Schwester.

Als sie kam, sagte er: »Zieh dich aus, wir wollen dein Lulu sehen!«

Sie wollte nicht und begann zu weinen. Bubi ging zu ihr hin, hob den Rock und zog ihr die Unterhose hinunter. Sie begann zu schreien.

Ihm war das egal, er zeigte mit dem Finger auf sie, sagte: »Die hat da nichts!« und lachte.

Wir waren geschockt und wie erstarrt. Plötzlich stand Bubis Mutter im Zimmer, wir hatten sie nicht kommen gehört, da er die Wohnungstür offen gelassen hatte. Sie sah ihre Tochter, die immer noch ohne Unterhose dastand, drehte sich zu ihrem Sohn und verpasste ihm zwei schallende Ohrfeigen. Jetzt schrie auch Bubi wie am Spieß und wir drei verschwanden so schnell wie möglich aus der Wohnung. Zuhause mussten wir alles erst einmal verarbeiten. Irgendwie tat mir Bubi leid: immer allein, kein Vater da!

Wenn wir genug Kartons gesammelt hatten, bauten wir uns im Hof daraus ein Haus. Begann es zu regnen, krochen wir in die Kartons, setzten uns ganz eng zusammen und erzählten Geschichten – also, ich erzählte. Wir fühlten uns sicher und blieben so lange, bis der Regen durch den Karton tropfte. Wir verbrachten Stunden darin, weil meine Geschichten einfach unglaublich spannend waren. Waren die Kartons irgendwann total durchnässt, mussten wir warten, bis sich neue im Hof angesammelt hatten.

Der Hof war für uns eine eigene Welt. Dort war immer etwas los. Manchmal hörten wir jemanden im Hof »Messer und Scheren zum Schleifen! Der Messerschleifer ist da!« rufen.

Dann kamen die Hausbewohner und brachten ihm ihre Messer und Scheren. Er begann zu schleifen und pfiff ein paar Lieder dazu.

Nach einer Stunde war er fertig und schrie: »Messer und Scheren fertig! Zwei Schilling für Messer, drei Schilling für Scheren!«

Ein anderes Mal stellte sich ein Mann in den Hof und begann Wienerlieder zu singen. Ich hörte ihm voller Staunen zu. Nach und nach öffneten sich die Fenster und die Hausbewohner hörten ebenfalls zu. Wenn er nach ungefähr zehn Liedern verstummte, verschwanden die Leute kurz vom Fenster und warfen dann das in Papier gewickelte Geld in den Hof. Der Sänger bedankte sich, hob es auf und ging. Ich konnte es kaum glauben, dass er so viel Geld bekommen hatte.

Ich erhielt mein erstes Jahreszeugnis und freute mich schon auf die Ferien. Das Zeugnis war nach meinen bescheidenen Leistungen für die erste Klasse gerade noch gut. Ich spielte fast täglich im Park, wo ich meine Freunde aus der Klasse traf.

Eines Tages fragte ich: »Wer schaut sich die Fußballweltmeisterschaft an?«

Es kamen Antworten, die ich nicht erwartet hatte: »Keine Zeit!«, »Interessiert mich nicht!«, »Hab keinen Fernseher!«, »Bin nicht zuhause!«

Die WM begann am 11. Juli 1966 und endete am 30. mit dem Finale. Ich überlegte, wo ich mir diese Spiele ansehen konnte. Da traf ich Walter, meinen Freund aus der Schule, zufällig vor unserer Haustür.

Er sagte: »Ich wollte gerade zu dir! Da ich die WM nicht schaue, hab ich dir die Zeitung gebracht, damit du weißt, wann welches Spiel beginnt!«

Am nächsten Morgen schickte mich meine Mutter zum Anker Brot holen. Wie immer sollte es der gestaubte Wecken sein. Der schmeckte zwar unheimlich trocken, aber es war das billigste Brot. Ich ging die Kinderspitalgasse entlang. Kurz vor der Bäckerei nahm ich eine Stimme wahr. Ich ging um die Ecke, schaute mich um und entdeckte einen Fernseher in der Auslage vom Kaindl. Der Kaindl war ein Eisen- und Haushaltswarengeschäft. Ich stellte mich hin und schaute mir kurz einen Film an, als es mir dämmerte: »Das ist die Lösung! Da kann ich mir die Spiele ansehen!«

Ich freute mich sehr, holte noch schnell das Brot und lief nach Hause. Von da an stand ich fast jeden Tag vor der Auslage. Spiele, die erst spät am Abend begonnen hatten, wurden ja entweder am Vormittag oder am Nachmittag wiederholt. Eines Morgens fragte mich meine Mutter: »Wo bist du den ganzen Tag und was machst du eigentlich die ganze Zeit?«

Ich sagte: »Ich schau Fußball vor der Auslage beim Kaindl!«

Und da stand ich am Tag ungefähr vier bis sechs Stunden. Manchmal saß ich auch auf dem Boden, wenn mir die Füße schon weh taten. Nach ein paar Tagen bemerkte ich, dass mich der Inhaber des Geschäftes beobachtete.

Er kam heraus und fragte: »Was machst du da?«

»Ich sehe fern!«

»Ah«, sagte er, »du schaust dir die WM an. Du hast ja nichts zu trinken, ich bring dir was!«

Er brachte mir eine Frucade und bot mir auch an, im Geschäft das WC zu benützen.

»Damit du kein Tor versäumst«, lachte er vor sich hin.

Zu Hause schrieb ich mir alle Ergebnisse der Fußballspiele auf. Die WM endete am 30. Juli. Weltmeister wurde England, das in der Verlängerung gegen Deutschland mit 4:2 gewann. In diesem Spiel gab es auch den Lattenpendler Englands, der vom Schiedsrichter zum Tor erklärt wurde. Bis heute ist es ungeklärt, ob es wirklich ein Tor war oder nicht und bis heute streiten sich die Engländer und die Deutschen noch darum. Ich freute mich schon auf die nächste WM, die war aber leider erst vier Jahre später.

Es war Herbst. Es war kühler geworden und die Erkältungsanzeichen wie Husten, Schnupfen, Halsweh und Fieber nahmen rasch zu. Mama hatte vorgesorgt. Wir hatten Tee, Lutschtabletten gegen Halsweh und Wick VapoRub in unserer Hausapotheke. Es war jedes Jahr das Gleiche. Jeder von uns bekam etwas von diesem Virus ab. Wolfgang hatte Angina mit hohem Fieber, Manfred Husten und Fieber und ich besonders starkes Halsweh mit Fieber. Meine Halsschmerzen wollten trotz Wickel, Tee und Tabletten einfach nicht vergehen. Schließlich holte Mama den Hausarzt.

Er horchte das Herz und die Lunge ab und sagte zu meiner Mutter: »Da fällt mir nichts auf! Alles normal.«

Dann leuchtete er mir in den Hals.

»Das sieht nicht gut aus! Es sind die Mandeln. Die sind stark geschwollen und haben sich verfärbt. Sie müssen jetzt abschwellen und dann operativ unter Narkose entfernt werden. Holen Sie sich einen Termin im St. Anna Kinderspital, ist ja gleich gegenüber.«

Mein Halsweh hatte nach einigen Tagen stark nachgelassen und inzwischen war ich so gut wie schmerzfrei. So hoffte ich, mir die Operation ersparen zu können. Doch es kam anders.

Es waren bereits ein paar Wochen vergangen, da sagte meine Mutter: »Für dich, Günter, gibt es heute kein Frühstück.«

»Warum? Ich hab Hunger!«

»Komm, zieh dich schnell an, wir gehen hinüber ins Spital, deine Mandeln kommen raus! Man darf vorher nichts essen.«

Ich begann zu weinen, denn ich wollte unter keinen Umständen ins Krankenhaus. Keine Chance! Bereits beim Eingang nahm uns eine Krankenschwester in Empfang, zeigte mir mein Bett und sagte zu meiner Mutter, dass ich für ein paar Tage bleiben müsse. Wieder schossen mir die Tränen in die Augen.

»Mama, nimm mich mit nach Hause!«, flehte ich sie an.

Sie entgegnete, dass es notwendig sei und dass sie mich, sooft sie könne, besuchen werde. Meine Mutter winkte mir zu und fort war sie.

Die Krankenschwester nahm mich bei der Hand, ging mit mir zu meinem Bett und sagte: »Ausziehen bis auf die Unterhose und das Spitalshemd anziehen!«

Ich machte es widerwillig. In der Nacht hatte ich Angst, wie alle anderen Kinder in meinem Zimmer auch. Wir waren zu zehnt.

Am nächsten Morgen kam der Arzt mit einer Schwester, untersuchte mich noch einmal und erteilte die Operationsfreigabe. Im Operationssaal erhielt ich die Narkose und schaffte es gerade noch bis drei zu zählen. Als ich aufwachte, saß Mama neben meinem Bett. Mein Hals tat noch ein wenig weh, aber sonst fühlte ich mich schon ganz gut.

»Ich hab Hunger, großen Hunger!«, sagte ich.

Mama fragte eine Schwester, ob ich schon etwas essen dürfe. Diese verneinte. Erst wenn es der Arzt erlaube, frühestens aber morgen.

Als bei der Visite am nächsten Tag vom Arzt die Erlaubnis kam, dass alle Kinder im Zimmer zu Mittag eine Suppe essen dürften, freute ich mich sehr. Wir standen auf und setzten uns zum Tisch. Kaum stand die Suppe – es war eine klare Suppe – vor mir, schlürfte ich sie, so schnell ich konnte, aus. Ich blickte mich um und staunte nicht schlecht, als ich sah, dass kaum einer die Suppe kostete.

Ich fragte meinen Nachbarn am Tisch: »Willst du die Suppe nicht?«

»Nein, mag ich nicht. Nimm sie dir, wenn du sie willst!«

Das ließ ich mir nicht zweimal sagen und im Nu war auch dieser Teller leer. Mir gegenüber am Tisch saß ein Kind, dem ebenfalls die Mandeln entfernt worden waren.

»Ich mag die Suppe auch nicht. Möchtest du sie haben?«

Ich zog den Suppenteller zu mir herüber und aß ihn leer. Langsam wurde ich satt.

Da rief noch ein Kind: »Kannst meine Suppe auch haben, ich mag keine!«

Ich überlegte kurz und dachte mir: »Die geht auch noch!«

Jetzt war ich satt und es ging mir wirklich gut.

Am Abend besuchte mich Mama und sagte, dass ich am nächsten Tag nach Hause könne. Ich freute mich und konnte es kaum erwarten meine Brüder zu sehen und mit ihnen zu spielen. Mama holte mich am Morgen ab. Zu Hause wollten Manfred und Wolfgang sogleich in meinen Hals schauen, wie es denn dort ohne Mandeln aussehe.

Als sie mich fragten, wie es im Spital gewesen sei, gab ich ein wenig an: »Es war nicht schlimm, ich hatte gar keine Angst und aß viel Suppe!«

Und ich fügte hinzu: »Ich hab mich schon so darauf gefreut, endlich wieder mit euch spielen zu können. Fangen wir an!«

Wir drei bekamen zu Weihnachten ein amerikanisches Spielzeugpolizeiauto, einen Jeep mit Batterien, in dem zwei Polizisten saßen. Sie hatten blaue Kapperln auf. Ich konnte einfach nicht aufhören damit zu spielen und dann geschah es: Ich riss einem der beiden Polizisten das Kapperl ab. Ich versuchte es zu vertuschen, indem ich ihm vorsichtig das Kapperl so schief aufsetzte, dass es gerade noch hielt. Dann spielte ich nicht mehr mit dem Auto, bis einer meiner Brüder es in die Hand nahm und das Kapperl abfiel.

»Pech für ihn«, dachte ich, aber ich war aus dem Schneider.

Das Polizeiauto hatten wir noch lange. Bevor wir 1968 umzogen, vergruben wir es im Hof. Zu diesem Zeitpunkt war es allerdings schon nicht mehr fahrtauglich.

Ich ging fast jeden Tag in den Beserlpark in der Nähe vom Zimmermannplatz. Dort traf ich mich mit meinen Schulkameraden. Wir spielten die meiste Zeit. Ein Spiel bestand darin, anhand eines möglichst langen Wortes den kleinen Park zu durchqueren, indem man für jede

Silbe einen Schritt machen durfte. Meine Wörter waren immer zu kurz und ich schaffte es nicht, bis ich von meiner Schulkameradin Elisabeth einen Tipp bekam. Zuerst konnte ich mir dieses Wort einfach nicht merken, ich brauchte mehrere Versuche, bis es klappte. Das Wort lautete: Donaudampfschifffahrtsgesellschaftskapitän. Hurra, geschafft!

Im Park gab es ein paar Halbstarke, die uns jüngere – und in ihren Augen kleine – Buben ärgerten und drangsalierten. Wir schwangen uns sehr gern auf den Fliegenpilz. Das war ein Gerät, auf dem man sich an eine Stange, die rundherum unterhalb der Pilzkappe befestigt war, hängen und im Kreis drehen konnte. Wenn die älteren Buben sahen, dass wir am Fliegenpilz hingen, stürzten sie her und beschleunigten das Tempo. Es wurde so schnell, dass wir uns nicht mehr halten konnten und zu Boden fielen. Das gab zumindest Abschürfungen. Sehr lustig!

Meine Schulfreundin Elisabeth sagte im Beserlpark einmal zu mir: »Traust du dich auf eine Frage zu antworten?«

Ich wurde nervös.

»Frag mich!«

Sie sagte: »In der Banane sitzt eine Dame. Wie sieht sie aus?«

Ich hatte keinen blassen Schimmer und fragte zurück: »Na, wie sieht sie aus?«

Sie wurde rot, drehte sich um und ging. Ich versuchte herauszubekommen, wie des Rätsels Lösung lautete, aber niemand beantwortete mir die Frage. Vielleicht wollten meine Freunde es mir aber deshalb nicht sagen, weil sie Angst hatten, rot zu werden. Es vergingen ein paar Tage. Dann sah ich einen von den Halbstarken im Park.

Ich ging mutig hin: »Darf ich dich was fragen?«

»Frag schon, Kleiner!«, sagte er.

»In der Banane sitzt eine Dame. Wie sieht sie aus?«

Er lachte, ging ganz nah an mein Ohr und flüsterte: »Nackt!«

Am nächsten Tag kam Elisabeth zu mir und fragte: »Weißt du schon die Antwort?«

Jetzt ging ich ganz nah an ihr Ohr und sagte: »Ja, ich weiß es.«

»Sag es mir!«

Ich nahm meinen ganzen Mut zusammen und flüsterte: »Nackt.«

»Dass du dich das zu sagen traust, hätte ich nicht gedacht!«

Peter kam zu Hause vorbei und fragte mich, ob ich Geld für ein Eis hätte. Ich verneinte.

Er dachte kurz nach und sagte: »Ich habe eine Idee! Wir schnorren die Leute vor der Kirche an! Wir sagen, wir hätten kein Geld, um nach Hause zu fahren, und wir seien schon so müde!«

Wir gingen los, stellten uns vor die Stufen der Alserkirche und bettelten die Leute an. Wir bekamen keinen Groschen. Da hatte ich eine Idee.

»Wir ziehen unsere Schuhe und Socken aus und verstecken alles in der Kirche!«

Gesagt, getan.

Barfuß standen wir nun da, hielten die Hände wie eine Schale auf und jammerten los: »Wir haben so Hunger! Wir sind so arm!«

Siehe da, es funktionierte und wir nahmen jeder circa zwei Schilling ein. Wir holten unsere Socken und Schuhe aus dem Versteck und liefen zum Eissalon in der Alserbachstraße. Das Geld reichte für ein Eis mit zwei Kugeln, natürlich Schoko und Vanille.

»Zu Hause erzählen wir nichts!«, sagte ich zu Peter.

»Ehrenwort!«, erwiderte er.

Wolfgang

Es war im Jänner 1963, ich war drei Jahre alt, als mein geliebter Teddybär im Ofen verbrannt wurde. Ich hatte zu Weihnachten einen neuen bekommen. Mama sagte, dass mein alter Teddybär nicht mehr schön sei, mir deshalb das Christkind einen neuen gebracht habe und der alte nun weg müsse. Wir alle, außer unserem Vater, der in der Arbeit war, versammelten uns vor dem Ofen und Mama redete auf mich ein, dass der neue viel schöner und auch weicher sei. Ich aber hielt meinen geliebten Bären in den Armen und drückte ihn fest an mich. Meine beiden Brüder schlossen sich der Meinung von Mama an. Es dauerte schon eine Weile, bis ich unter Tränen meinen geliebten Teddy Mama gab. Sie öffnete die obere Tür des Ofens und ich schaute in die heiße Glut, die der Koks erzeugte. Wenige Sekunden darauf steckte Mama meinen Bären hinein. Er war mit Stroh ausgestopft und die Flammen hatten ein leichtes Spiel. Wir alle schauten zu, bis nichts mehr von ihm da war. Mir kullerten die Tränen über die Wangen und Mama versuchte mich mit meinem neuen Teddybären zu trösten. Am nächsten Morgen wurde wie immer die Aschenlade entleert und ich sah die zwei Glasaugen von meinem Teddy darin liegen, die mich doch noch irgendwie anschauten. Seit diesem Ereignis habe ich bis heute alle meine Teddybären aufgehoben und verwahre sie in einer Glasvitrine. Für mich sind sie eine Art Reliquie.

Manchmal nahm mich mein Vater auf seinem Moped mit. Die Ausfahrten mit der Puch mv 50 mit satten 1,3 PS sprachen für sich. Die offene Bim hängte uns gnadenlos ab. Wir hatten auch das höchstzulässige Gesamtgewicht erreicht. Trotz allem zog es den Vater immer wieder auf die Höhenstraße. Dort musste er sicher zweimal die Zündkerze mit der Drahtbürste reinigen, damit wir unsere Fahrt fortsetzen konnten.

Das Essen zur Tankstelle nachbringen war eine gewisse Freiheit. Vater steckte sich einmal aus Übermut die Zapfpistole in den Mund und drückte ab. Na, das war ein Spaß! Von oben bis unten voller Sprit! Bei einem anderen Besuch fuhren wir mit einem Citroen HY, der auf seinem Arbeitsplatz in der Garage stand und den er sich »ausborgte«. Da hatte er großen Stress, denn er hatte ja keinen Führerschein. Ich fand es spannend.

Ins Kino »Royal« gingen wir öfter. Der Western war ab achtzehn, ich war circa acht Jahre alt.

Die Frau an der Kassa sagte: »Das geht nicht!«

Eine Minute später waren wir im Kinosaal. Ja, das hatte der Vater drauf – und schlief wie immer nach zehn Minuten ein.

Ein Highlight für mich war, wie er einmal verprügelt wurde. Wahrscheinlich hatte er kein Glück beim Kartenspiel gehabt. Spätabends kam er nach Hause und jammerte laut.

Mama sagte: »Sei leise, die Buam schlafen!«

Aber ich nicht. Ich habe mich nur so gestellt.

Wir hatten einen Tretroller, unser erstes Fortbewegungsmittel. Mit dem war ich oft auf meiner Lieblingsbaustelle AKH unterwegs. Da gab es viele Hügel und es machte Spaß, diese herunterzufahren. Ich wurde leider immer wieder von den Bauarbeitern entdeckt und mit den Worten »Burli, des is ka Spüplotz und es is vü zu gfährlich« nach Hause geschickt.

Im Hof fuhr ich auch, das war aber langweilig. Bis die Müllabfuhr kam. Da war einer dabei, der nahm mir meinen Roller weg und fuhr damit herum. Aber nicht lange, da er ein Bröckerl von einem Mann war und die Gabel am Roller brach. Ich sagte das Papa und er nahm den Roller mit zum Schweißen. Die Geschichte wiederholte sich und jedes Mal hoffte ich, dass Papa den Mistkübler zur Rede stellen würde. Es blieb leider nur eine Hoffnung.

Wir spielten oft Fußball im Hof. Ab und zu ging dabei ein Stiegenhausfenster zu Bruch. Wir wussten in der Sekunde, was das für Folgen für uns haben würde. Es war immer das gleiche Ritual: Samstagvormittag ging Mama einkaufen. Das dauerte. Papa ließ uns vor der Klotür hintereinander aufstellen.

»Eini mit dir und Hose runter!«

Dann knallte der Lederriemen auf meinen kleinen Körper. Immer wieder und wieder. Ich weinte laut und es dauerte sehr lange, bis er endlich aufhörte. Meinen zwei Brüdern ging es nicht anders. Wir hofften immer, dass Mama früher vom Einkaufen kommen und uns vor den Schlägen bewahren würde, aber das war nie der Fall. Es waren viele Samstage, die wir erleiden mussten. Schon am nächsten Tag zeichneten blaue Flecken unsere Körper. Da vergingen schon vierzehn Tage, bis man nur mehr wenig davon sah. Beim Turnen erging es mir wie meinem Bruder Günter: Ich schämte mich beim Umziehen für meinen geschundenen Körper. Einmal fragte mich meine Lehrerin Ida, woher ich so viele blaue Flecken hätte.

Ich sagte leise, damit es meine Mitschüler nicht mitbekamen: »Von Papa.«

Sie antwortete nichts drauf.

Wenn Onkel Franz zu Besuch kam, zeigten wir schon fast stolz unsere blauen Flecken. Er schüttelte nur den Kopf. Hilfe war nicht zu bekommen, von niemandem aus der Verwandtschaft und aus dem Umfeld auch nicht. Ich hoffte immer auf Mama. Vergebens.

Viele Wochenenden verbrachte ich bei Großonkel Wickerl und seiner Frau Maria im dritten Bezirk. Sie wohnten in einem Zinshaus im dritten Stock. Unten war eine Gastwirtschaft und es roch im Haus nicht gut. Die Wohnung bestand aus Küche und Wohnzimmer und hatte so um die 30 m^2. Da sie keine Kinder hatten, belebte ihr Familienleben der Kater Peterle, eine Tigerkatze. Ich durfte nicht zu toll mit ihm spielen, das hatte Onkel Wickerl nicht so gern, denn Peterle war sein Ein und Alles. Tante Maria konnte leider nicht gut kochen. Einmal bereitete sie ein Henderl zu, das war extrem letschert, nicht gewürzt und die Haut ganz grauslich. Ich wurde mit der Beilage aber auch satt. Verhungern musste man ohnehin nicht, weil Tante Maria bei der Firma Manner im 16. Bezirk am Fließband arbeitete und den sogenannten »Bruch« gratis bekam. Alles, was die Produktpalette so bot! Günter war auch an manchen Wochenenden dabei. Bei uns zuhause gab es selten Süßes, daher futterten wir ordentlich rein. Verständlich. Einmal übertrieb er es mit den Süßigkeiten und verschlang eine Menge Schokoladeherzen, die mit diversen süßen Füllungen versehen waren. Da kam nach kurzer Zeit wieder alles ans Tageslicht.

Wenn Günter mit war, schliefen wir alle in einem Bett und wir beide warteten, bis endlich der Western oder ein Krimi anfing. Onkel und Tante waren meistens schon im Tiefschlaf. Wenn es richtig spannend wurde, zog sich Günter langsam die Decke über den Kopf, bis die Szene vorbei war. Echt mutig! Das Klo war am Gang und wenn um Mitternacht Sendeschluss war, gingen die meisten noch aufs Klo und die Spülung hallte im Innenhof. Das laute Geräusch habe ich noch heute im Ohr. Ich war gern im 3. Bezirk.

Wir hatten immer einen schönen und ungefähr zwei Meter großen Christbaum. Behängt war er mit Windringen, die bunt und aus Zucker waren. Die waren aber nicht mein Fall. Ich bevorzugte die Bols-Flascherln. Diese waren mit verschiedenen Likören gefüllt und mit Schokolade umhüllt. Dann gab es noch diverse Weihnachtsmotive aus Schokolade in buntem Stanniolpapier. Die Folie strichen wir nach dem Verzehr mit dem Fingernagel glatt und erzeugten dadurch ein anderes Bild. Der Baum war mit vielen Kerzen und Unmengen von Lametta geschmückt und ebenso vielen bunten Glaskugeln. Ganz oben steckte noch der Christbaumspitz. Auch an den Tagen nach dem Heiligen Abend zündete

Mama die immer kleiner werdenden Kerzen am Abend an.

Eines Abends holte sich Günter ein Bols-Flascherl, das ganz hinten unten am Baum hing. Er legte sich flach auf den Boden und robbte nach vorne. Beim Zurückrutschen kam er an den Ästen an, der Baum wurde instabil, neigte sich bedrohlich zur Seite und stürzte letztendlich um. Baum fällt! Da die Kerzen noch teilweise brannten, war rasches Handeln erforderlich. Mama versuchte den Baum wieder aufzustellen, stieg dabei auf eine zerbrochene Glaskugel und im Nu blutete ihre Ferse. Sie löschte trotzdem noch alle Kerzen. Mama hatte leider keine Hausschuhe an, nur eine Strumpfhose, auf der sich rasch ein Blutfleck ausbreitete. Sie zog den Glassplitter aus der Ferse, klebte ein großes Pflaster über die Wunde und nach einer Weile hörte es zu bluten auf. Wir alle – außer unserem Vater, der ja wieder irgendwo unterwegs war – räumten das Schlamassel auf und alles war wieder gut. Bis zum siebten Jänner blieb der Baum stehen, wenn auch etwas ramponiert. Anschließend wurde er als Wärmespender in unserem kleinen Ofen verbrannt. Frohe Weihnachten!

Im neuen Schuljahr in der zweiten Klasse kam Harald dazu. Er war einen Kopf größer als ich und wiederholte die Klasse. Wir freundeten uns an und das war gut so, denn seine Eltern hatten in der Kinderspitalgasse, nicht weit weg von uns, ein Spielwarengeschäft mit all dem, wovon man als Kind nur träumen konnte. Die Carrera Rennbahn war meine Nummer Eins und ich war froh, wenn ich eingeladen wurde. Seine Eltern waren ein wenig altbacken. Der Vater hatte immer einen Anzug an und die Mutter trug Tracht.

An einem Samstagvormittag läutete es an unserer Tür und Harald stand davor. Er sagte, dass sich seine Eltern freuen würden, wenn ich nach Klosterneuburg in den Schrebergarten mitfahren würde.

Ich hatte keine Lust dazu, aber dann sagte Harald die Zauberformel: »Mein Papa fährt schnell!«

Wenig später ging es schon los. Das Auto war ein Opel Rekord Caravan mit fünfzig PS. Wir fuhren über die Höhenstraße, mit an Bord war noch der Dackel. Ich schaute immer auf den bunten Breitbandtacho. Der Streifen zeigte ab und zu fünfzig km/h an. Harald hatte mich belogen. Auf einmal überholte uns ein BMW 2002 mit gut doppelter Geschwindigkeit. Da wäre ich gern mitgefahren! Haralds Vater legte kurz den Kopf aufs Lenkrad und beschwerte sich über den Raser. Er fasste sich wieder und bald waren wir am Ziel.

Haralds Mutter hatte Essen und Trinken mit und ich spielte mit Harald. Derweil hatten seine Eltern ein bisschen Ruhe. Harald fragte seinen Vater, ob wir auch raufen dürften. Sein Vater gab grünes Licht unter der Bedingung, dass er als Kampfrichter das Geschehen jederzeit abbrechen könne. Für uns war das in Ordnung. Wir nahmen Aufstellung und los ging es. Es dauerte genau zwei Sekunden und Harald lag auf dem Boden. Sein Vater öffnete den Mund, aber er sagte nichts. Ich erwähnte dann ganz nebenbei, dass ich schon einige Zeit in Judo ginge und den gelben Gürtel besäße. Das war echt lustig. Am Abend fuhren wir wieder mit fünfzig km/h nach Hause.

Am Nachmittag war Fernsehen bei Nachbarskind Bubi angesagt. Ich glaube, dass die Serie »Simon Templar« lief, eine meiner Lieblingssendungen. Wir gingen aus dem Haus und bogen nach rechts ab. Da war zuerst ein Geschirrgeschäft, danach ein Teppichhändler, im nächsten Haus wohnte Tante Resi und in der Kurve war das »Dreilauferhaus«, wo die Firma Kaindl ein Geschäft hatte. Knapp vor Bubis Haus gab es noch eine Parfümerie und einen Fleischhauer. Bubi wohnte im dritten Stock. Seine Mama war arbeiten und der Papa hatte »Vollpension auf Staatskosten«. Bubi hatte auch eine Schwester, den Namen habe ich leider vergessen. Bevor die Sendung anfing, kamen wir irgendwie auf das Thema, wie denn ein Mäderl unten aussehe. Bubi musste seine Schwester eine Weile überreden, bis sie sich uns unten nackt zeigte. Wir drei waren neugierig wie Oskar und so schauten wir abwechselnd ganz genau hin. Bubi spreizte ihre Beine ein wenig, sodass wir noch mehr Einblick hatten. Sie fing zu weinen an und zog sich die Unterhose hinauf.

Bubi drohte ihr noch: »Sag' ja nichts der Mama!«

Jetzt wussten wir, wie Mädels unten ausschauen.

Unsere Nachbarin, Tante Resi, war ohne Partner, bis aus unerklärlichen Gründen Hans auftauchte. Der war für mich ein schnöder Junggeselle, ungefähr gleich alt wie Tante Resi, also so um die Ende fünfzig herum. Für uns war das nicht so gut, weil dadurch das Fernsehen bei ihr erheblich erschwert wurde. Hans muss Beamter gewesen sein, da er schon um 15.00 Uhr auf der Bettbank ein Nickerchen machte. Dadurch konnten wir bei Tante Resi nicht mehr fernsehen und auch das Wochenende bei ihr war damit Geschichte. Aber er unternahm mit uns im Sommer einen Ausflug auf die Höhenstraße mit seinem Fiat 1800 in Dunkelblau mit Lenkradschaltung. Ein richtig schönes Auto! Wir blieben beim »Häuserl am Stoan« stehen und nahmen im Schanigarten Platz. Hans trank ein Bier und wir Almdudler mit Strohhalm und dazu gab es für jeden von uns ein Bierstangerl. Das war in ein Knisterpapier eingepackt und schmeckte so ähnlich wie die Soletti, nur halt in XL-Format. Geredet hat er fast nichts. Na ja, so war er eben. Er hielt um die Hand von Tante Resi an – für uns auf Dauer eine Fernsehstation weniger. Wir waren bei der kirchlichen Trauung dabei. Diese fand in der Gatterhölzl Kirche im 12. Bezirk statt. Es kam ein weißer Mercedes der Baureihe 8 angefahren. Das war damals das neueste Modell. Hans – im dunklen Anzug – öffnete die Tür rechts hinten und Tante Resi erschien mit ihren fast sechzig Jahren ganz in Weiß mit Brautschleier. Was für ein Bild! Ja, wo die Liebe hinfällt, …

An einem Wochenende nahm mich Tante Resi zu ihrer Schwester Poldi nach Obermeidling mit. Der Gemeindebau war nicht weit vom Schönbrunner Bad entfernt. Bei schönem Wetter gingen wir zu Fuß ins Bad. Mit dabei waren der Mann von Poldi und ihr Bruder mit seiner Frau. Zu Mittag packte Tante Poldi Fleischlaberl und Kartoffelsalat aus. Alles war in einer Proviantdose aus Alu, der Deckel hatte ein Lochmuster zwecks Belüftung. Senf war auch dabei. Wir mampften, bis nichts mehr da war. Nach dem Essen war Siesta angesagt, da man mit vollem Magen nicht schwimmen gehen sollte – so die Warnung der Erwachsenen. Nach einer Weile sagte Poldi, dass sie jetzt Sonnenbaden wolle und ich solange nicht ins Wasser gehen dürfe. Dann stiegen sie auf so etwas Ähnliches wie einen Aussichtsturm hinauf, nur nicht so hoch. Der Turm war rundum zugebrettert und so konnte man nur die Köpfe sehen. Als ich sie später fragte, warum da oben die Sonne besser scheine, lachte sie nur.

»Da oben«, sagte Tante Resi »sind wir alle Nackerpatzerln.«

Somit war das Geheimnis für mich gelüftet. Wir waren im Sommer einige Male im Bad und ab und zu bekam ich auch ein Eis. Es hat mir gut gefallen und vor allem gut geschmeckt.

Es war in der zweiten Klasse, als ich mir einen Ruck gab und die hübsche Elisabeth, ein Mädchen aus meiner Klasse, fragte, ob sie mit mir ins Jörgerbad schwimmen gehen würde. Die Antwort war ein Ja und mein Herz klopfte etwas schneller als sonst. Sie wohnte nur ein paar Häuser weiter Richtung Gürtel. Das Haus war aus der Gründerzeit und sah sehr schön aus. Ein paar Tage später holte ich sie ab. Ich war etwas aufgeregt, als ich an der Wohnungstür stand und anläutete. Ihre Oma öffnete die Tür. Sie war eine gepflegte Dame mit hochgesteckter Frisur und elegant gekleidet. Sogleich kam auch Elisabeths Mama zur Tür. Sie war blond, groß gewachsen und aus heutiger Sicht ganz schön sexy. Ich machte ein paar Schritte ins Vorzimmer und stellte fest, dass die Wohnung sehr groß und die Einrichtung im Biedermeier-Stil war. An der Decke hingen schwere Lüster. Das alles wirkte auf mich imposant. Ich dachte an unsere Wohnverhältnisse. Was für ein Mauseloch! Die Oma begleitete uns zum Jörgerbad. Sie buchte eine Kabine, in der wir uns umzogen. Ich zog mich vor Elisabeths Oma aus und zu meinem Schrecken merkte ich, dass meine Unterhose eine sogenannte »Bremsspur« hatte. Ich versuchte es so gut wie möglich zu verbergen und stopfte die Unterhose sofort in meine Tasche. Gleichzeitig überfiel mich die Angst, dass das in meiner Klasse publik werden könnte. Ich hatte einen Ruf zu verlieren! Der Badetag war sehr schön und ich genoss die Nähe von Elisabeth. Als es wieder zum Umziehen kam, ließ ich die Badehose an. Dank an Elisabeths Oma, sie hat kein Wort darüber verloren.

Es war in der dritten Klasse Volksschule, als ich im Frühjahr eines Tages hohes Fieber bekam. Ich lag im Stockbett unten und hatte großen Durst. Mama brachte mir ein angewärmtes Fanta, das beim Schlucken im Hals brannte. Die Temperatur stieg von Tag zu Tag. Tagsüber lag ich im Ehebett. Das war viel angenehmer. Ich schwitzte viel und mir war heiß und wenn ich aufs Klo ging, war mir gleich wieder sehr kalt. Ich bekam Aspro als Medikament. Inzwischen hatte ich um die vierzig Grad Fieber und einen Fiebertraum. Ich träumte, dass sich eine kleine Falltür an der Zimmerdecke öffnete und das hellblaue Licht des Himmels mich anstrahlte. Ich war fasziniert und hatte zugleich Angst davor, durch diese Tür zu gehen. Ich hielt mich an der Matratze fest, damit ich ja nicht aufsteigen konnte. Plötzlich war die Tür verschwunden und ich sah nur mehr die Zimmerdecke. Ich lag wieder im Bett und hörte das Zischen des Schnellkochtopfes, das durch das Überdruckventil entstand. Es war eine Gleichmäßigkeit, die mich in den Schlaf lullte. Zehn Tage vergingen und meine

Fieberkurve blieb stabil hoch. Eines Morgens wachte ich auf und mein Herz schlug ganz schnell. Ich spürte es so, als würde es aus mir herauswollen. Mama maß das Fieber und das Thermometer zeigte 41,8 Grad an. »Ich ruf den Doktor«, sagte sie.

Am Nachmittag kam er und gab mir eine Spritze in den Hintern. Als Medikament bekam ich ein flüssiges Antibiotikum, das rosa aussah und mir schmeckte. Am nächsten Tag ging es mir schon besser, aber es dauerte eine weitere Woche, bis ich halbwegs wieder auf den Beinen war.

Hans und Christa aus meiner Klasse brachten mir diverse Hausaufgaben, damit ich auf dem Laufenden blieb. Inzwischen waren drei Wochen vergangen und ich war noch immer zu schwach, um in die Schule zu gehen. Letztlich waren meine Defizite so groß, dass ich die dritte Klasse wiederholen musste. Meine Eltern konnten mir beim Lernen ja nicht helfen. In dieser Zeit gab es kein einziges Mal eine liebevolle Berührung oder nette Worte von meinem Vater. Es war, als ob ich für ihn nicht da gewesen wäre. Von Mama bekam ich schon meine Streicheleinheiten. Was ich bis heute nicht verstehen kann, war diese Passivität von beiden, da wir ja gegenüber vom Kinderspital wohnten. Für mich ein verlorenes Schuljahr. Schade.

Die Familie, 1960

Das Haus Kinderspitalgasse 3, 2023

Die Kellerstiege, 2023

Die Waschküche, 2023

Der Hof, 2023

Bubis Zaun, 2023

Der Beserlpark am Zimmermannplatz, 2023

Sommerferien in Schwallenbach, 1967
Manfred, Wolfgang, Herta, Jutta, Fredl, Günter, Franzl (von li)

Sonntagsausflug, 1966

Die Obelisken in Neuwaldegg,
von uns Maggi genannt, 2023

Manfred und Günter auf der Marswiese, 1967

Die Volksschule Gilgegasse 12, 1968

In der Volksschule Gilgegasse 12

Manfred

Meine Volksschullehrerin hieß Frau Spindler. Sie war schon ein wenig älter und irgendwie kam ich dazu, ihr täglich in der Klasse vor der ersten Stunde die grauen, hohen Schnürschuhe zu binden, weil sie beim Bücken Schwierigkeiten hatte. Sie saß beim Lehrertisch, ich wurde aufgerufen, kniete mich vor sie hin, begann das Schuhband unten einzufädeln und oben in den Haken festzumachen. Wenn es ihr zu fest war, musste ich alles wieder aufmachen und von vorne beginnen. In der Klasse war es mucksmäuschenstill und alle schauten mir zu. Am Ende des Schultages zog ich ihr die Schuhe aus und sie schlüpfte in leichte Straßenschuhe. Ich machte das gern und fühlte mich bevorzugt.

Mit dem Lesen tat ich mir zu Beginn nicht leicht. Im Lesebuch gab es eine Zeile, in der hintereinander »Nani, Mimi, Mina« stand. Es gelang mir einfach nicht, die drei Namen flüssig zu lesen. Immer und immer wieder fuhr ich mit meinem kleinen Zeigefinger unter den Namen entlang. Schließlich war diese Stelle davon schon ganz dunkel gefärbt. Irgendwann schaffte ich es dann doch.

Im Unterricht hatte ich »Schönschreiben« gern. Wir mussten einen Text in Schönschrift abschreiben und wenn wir fertig waren, gingen wir zur Lehrerin und zeigten ihr das Heft. Sie beurteilte dann, ob es schön war oder ob man es nochmals schreiben musste. Einmal, als ich mit der Schönschrift fertig war und zum

Katheder ging, war ich sicher, dass ich ein großes Lob erhalten würde, hatte aber wohl schlecht aufgepasst, denn die Lehrerin herrschte mich an, dass der Text auf der falschen Seite des Heftes stehe und ich ihn daher nochmals schreiben müsse.

Ich konnte gut zur Musik marschieren und im Takt Schritt halten. Deshalb durfte ich bei einem Elternabend im Hof der Schule im Kreis gehen, während zwei Mädchen aus meiner Klasse Geige spielten. Wir probten das ein paarmal und alles lief zur Zufriedenheit meiner Volksschullehrerin. Am Tag der Aufführung zog ich zu Hause meine kurze Lederhose an, ein weißes Hemd und als Wanderbursche hatte ich einen kleinen Ranzen an einer Holzstange über meine Schulter gelegt. Ich freute mich sehr und war auch etwas aufgeregt. In der Volksschule angekommen, schaute mich Frau Spindler an und putzte mich sofort zusammen. Wie ich nur auf die Idee kommen könnte, ein weißes Hemd anzuziehen, das passe überhaupt nicht, ein kariertes wäre das Richtige gewesen! Zum Umziehen war es zu spät. Ich drehte auch brav meine Runden, die Freude hatte sie mir aber verdorben.

Wolfgang, Günter und ich gingen alle drei in Judo. Wir hatten unsere eigene Judokleidung, bestehend aus einer weißen Hose und einer weißen Jacke, die mit einem Gürtel zusammengehalten wurde. Die Farbe des Gürtels zeigte den Fortschritt an: Weiß bekam man als Anfänger. Wir schafften noch den nächsten, nämlich Gelb, und dann war Schluss. Beim Training übten wir natürlich die Griffe und Würfe, aber auch die Körperbeherrschung. So hockten sich zum Beispiel ein paar

Judokas hintereinander in einer Reihe hin und man musste darüber hechten und abrollen. Das machte mir viel Spaß und ich konnte es auch gut. Deshalb zeigte ich in einer Turnstunde einmal auf und fragte Frau Spindler, ob ich etwas vorzeigen dürfe. Sie war einverstanden. Ein paar Kinder hockten sich hin, ich nahm Anlauf, hechtete darüber, rollte ab und schlug fürchterlich mit dem Fußknöchel auf dem harten Holzboden auf. Ich hatte die Matten vergessen aufzulegen!

Auf die Frage einer Mitschülerin, ob das nicht weh tue, antwortete Frau Spindler ungerührt: »Das lernen die dort ja.«

Beim Turnen mochte ich besonders Völkerball. Ich war fast immer der Letzte in meinem Feld, während alle anderen schon »abgeschossen« waren. Zudem hatte ich einen festen Schuss. Es passierte nicht nur einmal, dass ich zur Strafe in der Ecke stehen musste, weil ich jemanden zu fest getroffen hatte.

Im Religionsunterricht hatten wir einen Pfarrer. Zum Thema »Altes Testament« brachte er immer wieder große Bilder mit, die mich sehr beeindruckten, manchmal fürchtete ich mich aber auch. Beim Opfer Abrahams war der Moment dargestellt, in dem Abraham den Dolch erhebt, um seinen Sohn Isaak zu opfern, der auf einem Altar liegend die Hände zur Abwehr emporstreckt. Im Gebüsch dahinter der Widder, den Abraham nach dem Eingreifen Gottes an Stelle Isaaks opfern wird. Spannend fand ich auch das Bild, das den Auszug der Israeliten aus Ägypten zeigte: das Meer, das Moses teilte, damit die Israeliten trockenen Fußes durchgehen konnten, während sich hinter ihnen die Fluten schlossen und die Ägypter darin umkamen.

Und natürlich Moses, wie er inmitten eines Gewitters am Berg Sinai die beiden Gesetzestafeln in Händen hält, während sich das Volk dem Götzendienst hingibt.

Günter und ich kamen eines Tages auf die Idee, Banden zu bilden. Jeder sollte möglichst viele Mitglieder um sich scharen und dann würde sich zeigen, wer die größere und stärkere Bande hätte. Gesagt, getan. Wir verabredeten uns und trafen uns mit unseren Mitgliedern nach dem Unterricht auf dem Platz vor der Schule. Ob es zu einem Kampf kam, weiß ich nicht mehr. Auf jeden Fall sahen Günter und ich uns am nächsten Tag bei der Direktorin wieder.

Ihre Standpauke endete mit dem Ausruf: »Ihr seid doch Brüder!«, worauf ich haltlos zu weinen begann.

1967/68 war mein letztes Jahr in der Volksschule. Wir waren achtundzwanzig Kinder in der Klasse.

Als die Entscheidung anstand, wohin man nach der Volksschule gehen wollte, sagte ich: »Ins Gymnasium!«

Frau Spindler war nicht dieser Meinung und ließ mich das auch gelegentlich spüren.

Einmal bemerkte sie, wie ich das Lineal mit der falschen Seite nach unten hielt, um eine Linie mit dem Bleistift zu zeichnen, und sagte: »Und sowas will ins Gymnasium gehen!«

Die Tränen schossen mir in die Augen und eine Mitschülerin namens Petra kam auf mich zu, tröstete mich und strich mir über den Kopf.

Im Fasching erhielt ich zu meiner Überraschung von Harald eine Einladung zu einer Faschingsparty bei ihm zu Hause. Schnell war klar, dass ich als Cowboy gehen wollte. Ein Cowboyhut, ein Revolvergurt mit einem

Spielzeugrevolver und ein Gilet wurden gekauft. Ich war sehr stolz auf meine Verkleidung, war es doch das erste Mal, dass ich im Fasching eingeladen war.

Bei Harald tummelten sich noch fünfzehn andere Kinder aus meiner Klasse. Die Buben waren alle als Indianer und Cowboys verkleidet, nur Erich kam in Hose und Rollkragenpullover. Fast alle Mädchen erschienen als Märchenfiguren, darunter viele Prinzessinnen. Die Wohnung war riesig. Der Unterschied zu unserer machte mich verlegen und ich schämte mich auch, weil mir so richtig bewusst wurde, wie wir lebten und wie das Zuhause anderer Kinder aussehen konnte. Dazu kam, dass auf dem Esstisch Speisen und Getränke in einer nie gekannten Fülle zur Auswahl standen. Vieles kannte ich gar nicht, es war wie im Schlaraffenland. Auch hier wurde mir wieder deutlich vor Augen geführt, wie reich andere Eltern waren. Beim gemeinsamen Spielen verflogen diese Gedanken aber bald und es wurde ein unvergesslicher Nachmittag.

Günter

Wir sollten unser Traumhaus zeichnen. Ich bemühte mich wirklich sehr. Kurz vor Ende der Stunde schaute die Lehrerin mein Haus an und spottete: »Wieso möchtest du auf einem Bauernhof wohnen, der erst renoviert werden muss?«

Ich hatte große Wut in mir, blieb aber still. Ich fand es schön. Eine Woche später die nächste Zeichenstunde. Jeder sollte sein Lieblingstier zeichnen. Ich entschied mich für einen Hund und versuchte wie immer mein Bestes.

Die Stunde war fast um, wieder kam die Lehrerin zu mir: »Was soll das sein?«

»Ein Hund!«

»So eine Rasse habe ich noch nie gesehen.«

Ich war enttäuscht und wütend.

Die Hausaufgaben machte ich meist allein. Von den Eltern gab es so gut wie keine Unterstützung. Brachte ich eine schlechte Note nach Hause, ließ ich meine Mutter diese kurz vor dem Zur-Schule-Gehen unterschreiben. Es gab kein Gespräch darüber.

Ich setzte mich in der Volksschule immer in die letzte Reihe gleich neben die Klassentür, in der Hoffnung, dort von der Lehrerin nicht gesehen zu werden. In der ersten Reihe saß Elisabeth, von der ich bis dahin keine Notiz genommen hatte. Das änderte sich in einer Pause jedoch schlagartig, als sie auf mich zukam und fragte, ob ich mit ihr in den Pausenhof ginge. Ich stand mit meinen Kumpels herum und sagte, als ich meine Freunde anschaute, nein.

Die schauten mich nämlich so an, als ob sie sagen wollten: »Das geht gar nicht, die Pause mit einem Mädchen verbringen!«

Es vergingen ein paar Tage, als mir Monika, die beste Freundin von Elisabeth, einen Zettel in die Hand drückte. Ich steckte ihn ein.

Am Nachhauseweg von der Schule nahm ich ihn aus meiner Hosentasche und las: »Günter, ich möchte dich gern treffen. Schreib mir, wann du Zeit hast, und gib den Zettel Monika!«

Schon am nächsten Tag gab ich Monika den Zettel mit Zeit und Ort, nämlich um 14.00 Uhr um die Ecke vom Park, damit uns keiner sehen konnte. Ich war sehr nervös und aufgeregt. Sie war schon da, als ich kam. Sie sah wunderschön aus und mein Herz pochte ganz wild.

Sie sagte: »Meine Mutter hat zwei Abonnements für das Theater der Jugend und ich darf mitnehmen, wen ich will. Möchtest du mit mir hingehen?«

Ich war bis dahin noch nie in einem Theater gewesen und fragte sie, wo das sei und wie ich dort hinkäme. Wir würden mit ihrer Mutter fahren und sie würde mich auch nach Hause bringen. Kurz darauf war es so weit, wir gingen ins Theater. Mir kam es riesengroß vor. Es war in der Neubaugasse, also nicht weit von zuhause. Welche Stücke es waren, habe ich vergessen, aber wir sahen uns alle Vorstellungen, die im Abonnement waren, an. Es war toll! Meine Kleidung war für den Theaterbesuch aus meiner Sicht eher unpassend, aber ich hatte nichts anderes und die Mutter von Elisabeth nahm mich so, wie ich war. Ich bedankte mich bei Elisabeth, dass sie mit mir ins Theater ging und natürlich auch bei ihrer Mutter, die mich jedes Mal nach der Vorstellung nach Hause brachte.

Im Sport war ich immer sehr gut. Ich war Kapitän, liebte Handball, Fußball, Völkerball, konnte mich am Seil vom Boden bis zur Turnsaaldecke mühelos hinaufziehen. In der Turnstunde mussten wir uns umziehen. Ich zog mein Hemd aus. Mein Rücken war voller Blutergüsse von den Schlägen mit dem Gürtel, mit dem mich mein Vater gezüchtigt hatte. Niemand unternahm etwas, weder die Lehrerin noch der Schularzt, obwohl sie es genau gesehen haben mussten.

Im Naturkunde-Unterricht hatten wir einen Aushilfslehrer, schon etwas älter, so um die fünfzig. Er kam immer erst zehn Minuten nach Unterrichtsbeginn in die Klasse. Keiner wusste, warum. Egal.

Jedenfalls betrat er eines Tages das Klassenzimmer und sagte: »Ich habe eine Überraschung für euch. Wir fahren nach Schönbrunn. Hier sind die Zettel, auf denen geschrieben steht, was es kostet und was ihr mitnehmen müsst: eine Jause, ein bisschen Geld, usw.«

Er führte weiter aus: »Wir sehen uns das Schloss an und die Gloriette und wir gehen in den Tiergarten. Ein Tagesausflug also.«

Heinrich, der neben mir saß, sagte zu mir: »Geh, frag ihn, ob wir einen Fußball mitnehmen dürfen!«

»Frag ihn selber!«

»Ich trau mich nicht. Frag du ihn!«

Ich dachte, da sei ja nichts dabei, und sagte zum Herrn Lehrer: »Kann ich einen Fußball mitnehmen?«

Es war ein paar Sekunden totenstill, dann bekam der Lehrer ein feuerrotes Gesicht und schrie mich an: »Willst mit den Affen im Tiergarten ein Fußballmatch machen?«

Die ganze Klasse lachte mich aus. Als ich klarstellen wollte, dass der Vorschlag von Heinrich kam, interessierte das keinen, auch den Lehrer nicht. Der Schultag war für mich gelaufen.

In der vierten Klasse wurden wir gefragt, was wir werden wollten.

Alexander zeigte auf: »Arzt«

Peter: »Pilot«

Robert: »Polizist.«

»Und du, Günter?«

Ich sagte: »Straßenkehrer, die Gehsteige sind schmutzig.«

Allgemeines Gelächter.

Die Lehrerin sagte zu mir: »Das wird man nicht und Schluss.«

Am Ende des Schuljahres kam es zur Konferenz, ob man in der Hauptschule in den ersten oder in den zweiten Klassenzug gehen würde. Ich fragte mich, ob ich gut genug für den ersten Klassenzug wäre? Oder waren andere noch schlechter als ich? Sie waren, sagen wir, noch schwächer. Ich war geeignet für den ersten Klassenzug. Hurra!

Wolfgang

An meinem ersten Schultag war ich gut angezogen und aufgeregt. Da war was los! Viele Kinder mit ihren Eltern fanden sich vor der Schule in der Gilgegasse ein. Im Nu waren wir in der richtigen Klasse und ich sah zum ersten Mal meine Lehrerin. Sie hieß Ida und gefiel mir vom ersten Augenblick an. Sie trug ein ärmelloses, grünes Kleid mit Blumenmuster, das ober den Knien endete. Sie hatte viele Achselhaare und schwitzte unter den Armen. Ja, auch sie war nervös. Es war ihre erste Klasse überhaupt. Sie war so um die dreiundzwanzig Jahre jung und hatte die typische Frisur der sechziger Jahre. Ich hatte gegenüber von ihr meinen Platz, Fensterseite noch dazu.

Ich war kein besonders guter Schüler, da ich mich oft in meinen Gedanken verlor. Dafür war das Elternhaus erheblich verantwortlich.

Eines Tages sagte Ida zu mir: »Wenn du gute Noten hast, werde ich mein Kind, wenn es ein Bub wird, Wolfgang taufen.«

Das war schon eine Ansage! So wurschtelte ich mich durch die ersten zwei Jahre. Unterstützung von zu Hause war gleich null. Nur Manfred war eine Hilfe, er federte das Ärgste ab. Mama hatte acht Jahre Schulzeit und das war es auch schon. Von Papa weiß ich es nicht, es dürfte aber auch so gewesen sein. Mama erzählte mir, dass Papa Zuckerbäcker gelernt habe, aber ohne Abschluss.

Einmal mussten wir in der Klasse sagen, was unsere Eltern arbeiteten. Mir war das unangenehm, da die Eltern meiner Mitschüler alle in gehobenen Positionen beschäftigt waren und der Beruf von Papa Garagenarbeiter war. Noch dazu musste ich die Arbeit von Papa erklären: hauptsächlich Betanken der Autos, Flüssigkeiten kontrollieren, gegebenenfalls nachfüllen und die Autos in der Garage ein- und ausparken. Es war kein so guter Tag.

Ich wurde oft von meinen Schulfreunden zum Spielen eingeladen. So auch von Wolfgang. Er war wie ich blond, trug so wie ich eine Brille und wir verstanden uns gut. Er wohnte etwas unterhalb vom heutigen AKH in einem schönen Haus aus der Gründerzeit. Sein Papa war Zahnarzt und seine Mama Hausfrau. Wolfgang hatte einen Chemiekasten. Darin waren verschiedene Substanzen in Glasröhrchen, und in kleinen Schachteln waren diverse Pulver. Alles natürlich ungefährlich. Und so wurden wir zwei zu Wissenschaftlern. Letztendlich landeten unsere Forschungsergebnisse im Klo, aber wir hatten Spaß am Experimentieren.

Als seine Mama uns einmal fragte, ob wir gern Erdbeeren mit Schlagobers hätten, kam ein klares Ja von meiner Seite. Es war Februar und da bekam man solche Leckerbissen nur beim Meinl um teures Geld. Wir genossen die Erdbeeren in der Küche. Eine Tür weiter war die Zahnarztpraxis von Wolfgangs Papa und man hörte den hellen, surrenden Ton, den jeder kennt, und ab und zu ein »Aaahh!« und noch andere schmerzerfüllte Laute. Wir verdrückten dabei genüsslich unsere Portion Erdbeeren. So nahe können Schmerz und Genuss manchmal beieinander liegen.

In der Alserkirche

Manfred

Über der Kinderspitalgasse in der Mauthnergasse wohnte Frau Aderhold, eine ältere Frau, die ich öfter besuchte und die auch manchmal auf uns schaute. Sie hatte lange weiße Haare am Kinn, die sie sich mit einem Zündholz wegbrannte. Die Haare kräuselten sich und es roch nicht gut.

Sie nahm mich öfter zur Messe oder zu einer anderen religiösen Feier mit. Einmal waren wir in einer kleinen Kapelle unweit der Alserkirche bei einem Gottesdienst. Ich war das einzige Kind inmitten älterer Erwachsener. Um nicht aufzufallen, machte ich einfach das, was alle taten. Als Frau Aderhold aufstand, folgte ich ihr natürlich. Vor einem großen Kruzifix standen die Leute an, aber ich konnte nicht sehen, was sie taten, als sie vor das Kreuz hintraten. Schließlich war Frau Aderhold an der Reihe und ich beobachtete sie, weil ich es genauso wie sie machen wollte. Sie kniete nieder und küsste die Füße von Jesus. Was ich besonders wahrnahm, war, wie ihre Zähne das Holz des Gekreuzigten berührten und es ein Geräusch wie »Klack« machte. Ich kniete nieder und berührte die Jesusfüße ebenfalls mit meinen Zähnen. Als die Feier vorbei war und wir zum Ausgang strebten, sprachen einige Leute Frau Aderhold auf diesen lieben Buben an und einige streichelten mir über den Kopf.

Ich war bei der Jungschar. Einmal die Woche war Jungscharstunde. Wir trafen uns in der Alserkirche und wurden in der katholischen Lehre unterrichtet. Worauf ich mich aber wirklich freute, war das Fußballspielen im Hof. Da standen nämlich zwei Tore wie auf einem richtigen Fußballplatz, nur ohne Netz.

Auf einem weißen Hemd war das Jungscharabzeichen, ein Kreuz mit einer Krone, aufgenäht. Bei besonderen Gelegenheiten trugen wir diese »Uniform«. Sie gab mir das Gefühl dazuzugehören. Mama hatte sich bereit erklärt, für unsere Gruppe einen Wimpel zu nähen. Das war ein längliches Dreieck, das an einer Holzstange befestigt war und als Motiv auf blauem Grund einen grauen Adler in der Mitte hatte. An einem Sonntag sollte unsere Fahne zusammen mit den Fahnen der anderen Gruppen geweiht werden. Ich durfte mit dem Wimpel in die Kirche einziehen und wir nahmen im Altarraum Aufstellung. Während der ganzen Messe mussten wir stehen und als der Weihrauch, sehr viel Weihrauch, zur Segnung den Altarraum vernebelte, wurde einigen von uns schlecht. Mir war auch etwas flau, aber ich hielt durch. Dass Mama so einen schönen Wimpel für unsere Gruppe genäht hatte, dafür war ich ihr sehr dankbar und ich war auch sehr stolz auf sie.

Südlich von Wien, mit dem Autobus ungefähr eine Dreiviertelstunde entfernt, liegt die Jungscharburg Wildegg, auf der nach dem Zweiten Weltkrieg die Jungschar in Österreich gegründet wurde. Meine Jungschargruppe fuhr an einem Wochenende dorthin, um an einem großen Treffen der Wiener Jungscharen teilzunehmen, und ich fuhr mit. Die Burg war riesig. Über viele Stufen und entlang vieler Gänge ging es zu unserem Schlafraum. Sechs Stockbetten und für jeden ein kleines Nachtkästchen standen für uns bereit. Nachdem wir uns eingerichtet hatten, verspürte ich ein Bedürfnis. Auf unserem Stock fand ich kein WC und ging daher eine Treppe hinauf, bog um ein paar Ecken und fand endlich das stille Örtchen. Als ich das WC wieder verließ, wusste ich nicht mehr, aus welcher Richtung ich gekommen war. Auf gut Glück schlug ich eine Richtung ein, stand vor einer Treppe, ging diese hinunter, einen Gang entlang und erreichte mein Zimmer. Glaubte ich. In Wirklichkeit stand ich in einem Schlafraum mit mir völlig unbekannten älteren Buben, die sich sogleich über mich lustig machten und mich unmissverständlich aufforderten, mich zu schleichen. Ich stand also wieder am Gang. Wohin jetzt? Ich geriet zwar nicht in Panik, war aber nicht weit davon entfernt, als ich beim nächsten Versuch wieder die Tür zu einem Zimmer mit mir völlig unbekannten Buben öffnete. Diesmal drehte ich sofort um, fand eine Treppe und noch eine und landete schließlich in der Küche. Ich war den Tränen nahe und sah wohl auch ziemlich verloren aus, wie ich dort in der Tür stand, weil die Frauen, die in der Küche beschäftigt waren, sofort fragten, ob sie mir helfen könnten.

»Ich finde mein Zimmer nicht mehr«, sagte ich.

Daraufhin nahm mich eine Frau an der Hand und ging mit mir durch alle Bubenzimmer, bis ich glücklich wieder im Zimmer meiner Jungschargruppe stand.

Günter

Zur Vorbereitung auf die Erstkommunion hatten wir einen langweiligen Religionsunterricht und mussten Gebete und Lieder auswendig lernen. Außerdem verdonnerte Pater Norbert jeden von uns ohne Ausnahme zur Beichte. Schließlich fand die Generalprobe statt. Wir trafen mit der Lehrerin in der Kirche ein und probten den Ablauf der Feier: wo jeder zu stehen hatte, in welcher Hand die Kerze zu halten war usw. Und dann war noch die Beichte. Wir nahmen auf den Kirchenbänken Platz und warteten, bis wir drankamen. Ich wusste nicht, was ich beichten sollte, mir fiel gar nichts ein! Ich wurde immer nervöser. Mehrmals ermahnte mich die Lehrerin, endlich still zu sein und ruhig zu sitzen.

Nach einer Stunde kam Pater Norbert auf mich zu: »Jetzt kommst du dran, Günter, ich nehme dir die Beichte ab.«

Im Beichtstuhl zitterten mir die Knie. Das kleine Fenster öffnete sich und Pater Norbert wollte von mir meine Sünden hören. Nur, von mir kam nichts.

Pater Norbert fragte genervt: »Welche Sünden hast du begangen?«

»Keine!«

»Das gibt es nicht! Jeder hat etwas zu beichten!«

Na gut, dann musste ich halt irgendetwas sagen.

»Ich habe am Abend vergessen, das Vaterunser zu beten!«

Pater Norbert gab keinen Kommentar dazu ab.

Mehr kam von mir nicht und kurz darauf sagte er: »Bete drei Vaterunser und bessere dich! Du kannst jetzt gehen!«

Eines Tages in der Schule fragte mich Peter, ob ich nicht mit ihm in der Kirche ministrieren wolle.

Ich fragte ihn: »Was ist Ministrieren?«

Er meinte, das sei super.

»Da kommst immer von zu Hause weg, wann du willst, und Pater Norbert braucht uns dringend.«

Ich antwortete: »Ich frag Mama.«

Das machte ich am nächsten Tag. Sie hielt Peter für einen Lügner, sagte aber zu meinem Erstaunen ja. Ich war mir sicher, sie hatte keine Ahnung, was Ministrieren ist. Am darauffolgenden Sonntag war es so weit. Peter holte mich zum Gottesdienst ab. In der Kirche hielt der Pfarrer seine Predigt.

Ich fragte Peter: »Von was redet er?«

Peter: »Ist nicht so wichtig.«

Als die Messe zu Ende war, stellte mich Peter Pater Norbert vor und sagte, ich sei daran interessiert, Ministrant zu werden. Ab jetzt durfte ich Norbert zu Pater Norbert sagen.

Er fragte mich: »Kannst du die Zehn Gebote?«

Ich: »Nein.«

Er: »Dann lernst du sie bis nächsten Sonntag und gehst gleich nach dem Gottesdienst zur Beichte.«

Danach sagte ich zu Peter: »Was, zum Teufel, soll ich beichten?«

Peter wusste Rat: »Ich gebe dir Tipps: Du bist nicht brav gewesen, du betest nicht, du hast deine Mutter angelogen. Das reicht fürs Erste.«

Ich lernte mehr oder weniger die Zehn Gebote, und gleich das Vaterunser dazu.

Ich hatte so etwa drei bis vier Gottesdienste ministriert, als eines Sonntags Peter in der Früh sehr nervös zu uns kam und meine Mutter fragte, ob ich ganz schnell in die Kirche kommen könne. Es sei eine Hochzeit und ein Ministrant sei krank geworden.

Mama war einverstanden und sagte zu mir: »Zu Mittag bist zuhause!«

Die Hochzeit fand ich sehr spannend. Sie dauerte ungefähr eine Stunde. Alles klappte bestens: richtig geläutet, Norbert den Weinkelch gegeben und wieder abgestellt, das Messtuch gegeben. Alles lief glatt. Als der Gottesdienst zu Ende war, nahmen Peter und ich beim großen Eingangstor der Kirche Aufstellung zur Verabschiedung des Hochzeitspaares und der Gäste. Da kam der Bräutigam auf mich zu.

Mir zitterten die Knie und ich dachte: »Was will er?«

Er lobte mich: »Das hast du gut gemacht. Wir sind sehr zufrieden mit euch beiden, wie ihr ministriert habt!«

Er gab mir die Hand und ich spürte, dass er mir etwas gegeben hatte. Ich öffnete die Hand und erstarrte. Es waren hundert Schilling! Ein Vermögen für mich. Ich konnte es kaum glauben. Ich bedankte mich, zog mich, so schnell ich konnte, um und lief nach Hause. Dort angekommen zeigte ich Mama sofort, wieviel Geld ich bekommen hatte. Ich war so stolz und wollte es ihr geben.

Sie schaute auf das Geld und sagte: »Woher hast du das?«

Ich antwortete: »Es war eine Hochzeit und der Bräutigam hat es mir gegeben.«

Sie glaubte mir nicht.

»Das hast du gestohlen!«, schrie sie mich an und gab mir eine Ohrfeige.

Weil ich so gekränkt war, schrie ich zurück: »Frag doch den Pfarrer Norbert, der hat es gesehen!«

Mama antwortete nicht darauf. Das Geld hat sie einfach behalten. Kurz darauf gab ich das Ministrieren auf. Ich hatte keine Lust mehr.

Wolfgang

Mein Bruder Günter und ich waren in der Alserkirche drei Jahre lang als Ministranten tätig. Das war ganz schön anstrengend, da wir bei Personalmangel am Sonntag gleich bei allen drei Messen Dienst hatten. Das war zwar nicht der Regelfall, aber trotzdem mussten wir am Sonntag früh aufstehen, da unsere Messe um neun Uhr anfing und zehn Minuten Fußweg einzuplanen waren – und die gleiche Zeit benötigten wir zum Umkleiden. Die Messe um neun Uhr war immer am besten besucht und wenn Pater Norbert die Messe zelebrierte, waren auch die Stehplätze gut ausgelastet. Das lag daran, dass Pater Norbert Ende zwanzig und gute 180 cm groß war, schwarze Haare hatte und schlechthin wie ein Model aussah. Bei seinen Messen gab es einen Frauenanteil von ungefähr 85%. Günter und ich hielten meistens eine Stange, an der oben eine Kerze befestigt war, und wenn uns die Messe zu langweilig wurde, spielten wir mit der Flamme der Kerze, indem wir den Zeigefinger schnell durchzogen, ohne uns dabei zu verbrennen.

Auch unter der Woche waren wir in der Kirche, beziehungsweise im Garten hinter der Kirche, wo wir mit anderen Kindern, die bei der Jungschar waren, Fußball spielten. Manfred war bei der Jungschar und so konnten wir alle drei gemeinsam Fußball spielen.

Einmal sagte ein Jungscharführer, dass er uns etwas Gruseliges zeigen wolle, wir sollten mitkommen. Wie bei der Geschichte vom Rattenfänger gingen wir alle hinterher. In der Kirche, auf der rückwärtigen Seite, führte uns eine Steintreppe tief hinunter. Die Beleuchtung war spärlich und keiner von uns sagte etwas. Als die Treppe zu Ende war, standen wir in einem großen Raum mit Säulen. Wir gingen noch ein Stück weiter, bis wir zu einer Wand kamen, die ungefähr zwei Meter hoch und nach oben hin offen war.

Der Jungscharführer fragte uns: »Wer will als erster hinter die Wand schauen?«

Feig waren wir drei nie und Manfred war der Erste, der sich traute. Der Jungscharführer machte dafür die sogenannte Räuberleiter. Die funktionierte so, dass einer sich an die Wand lehnte, die Arme ausgestreckt nach unten hielt und mit beiden Händen eine Grube bildete, in die der andere mit einem Fuß hineinsteigen und damit an Höhe gewinnen konnte.

Manfred kletterte also hinauf, schaute hinter die Mauer und sagte nur: »Uhh!«

Das weckte bei allen von uns die Neugier. Was wir erblickten, war schon gruselig: Hinter der Mauer befanden sich hunderte Totenköpfe, schön geschlichtet. Angst hatten wir keine, die hatten wir nur vor unserem Vater!

Es war Samstag am frühen Nachmittag und Onkel Wickerl war bei uns, um mich abzuholen. Ich würde das Wochenende – wie schon so oft – bei Onkel und Tante verbringen. Er fuhr damals einen roten Skoda 1000 MB mit 44 PS. Onkel Wickerl war ein überzeugter

Kommunist. Im Zweiten Weltkrieg war er Lastkraftwagenfahrer und für die Versorgung der Soldaten an der russischen Grenze zuständig gewesen. Nach dem Krieg fuhr er für die Firma Salzer, einen großen Vertrieb für Papier aller Art. Onkel Wickerl kam auch in der Damenwelt gut an. Das bekam ich schon als Kind mit. Er war so ein bisserl wie der Heinz Conrads.

Mama und Wickerl unterhielten sich gut, als es plötzlich an der Tür läutete. Draußen stand ein Bub von der Jungschar, der ganz verschwitzt war und keuchend hervorbrachte, dass der Pfarrer dringend einen Ministranten benötige, weil eine Trauung in fünfzehn Minuten beginne und der vorgesehene Ministrant leider krank sei.

Mein Onkel sagte: »Geh nur, wir haben Zeit! Ich will eh noch mit deiner Mama plaudern.«

Ich hatte kurz vorher eine Orange gegessen, zog mir rasch die Schuhe an und im Laufschritt ging es Richtung Kirche. Dort zog ich mich in der Sakristei schnell um, nahm meine Kerzenlanze, zündete die Kerze an und schon stand ich auf meinem Platz rechts vom Altar. Mir war ganz schön heiß und die hastig gegessene Orange lag mir im Magen.

Das Brautpaar war jung und hübsch. Der Pfarrer vollzog die Trauung und schwenkte dabei den Weihrauchkessel heftig. Man konnte fast nichts mehr erkennen. Auf einmal wurde mir von dem vielen Weihrauch schlecht und ich spürte, wie mir die Orange hochkam. Ich hielt mir die Hand vor den Mund, aber fast alle, die in den vorderen Reihen saßen, bekamen es mit. Die anderen Gäste waren vom Weihrauchnebel so eingehüllt, dass sie nichts davon bemerkten. Ein anwesender zweiter Pfarrer zog mich von der Zeremonie ab und führte mich in die Sakristei, wo ich mich erholen konnte. Ich sagte dem Pfarrer, wie es zu diesem Malheur kommen konnte.

Er beruhigte mich mit den Worten: »Ist ja nichts passiert.«

Trotz allem bekam ich vom Brautpaar fünfzig Schilling. Das war viel Geld für mich.

Zu Hause sagte Onkel Wickerl: »Wenn du willst, können wir jetzt fahren.«

Von dem Missgeschick erzählte ich nichts.

Beim Sport

Manfred

Wir lernten sehr früh schwimmen. Das Jörgerbad war nicht weit und Herr Winkler aus unserem Haus leitete dort außerhalb der Öffnungszeiten den Schwimmkurs. Zu Beginn waren wir im Nichtschwimmerbecken, lernten dort Brustschwimmen, Kraulen und Rückenschwimmen und dann durften wir in das große 25-Meter-Becken, wo wir am Rand schwammen und Herr Winkler mit einem Stab mitging, damit wir uns notfalls anhalten konnten. Sehr bald schon durften wir allein und zu den normalen Öffnungszeiten das Bad besuchen.

Ich konnte gerade so leidlich schwimmen, d.h. mich über Wasser halten, als ich beobachtete, wie die Kinder und Jugendlichen vom Ein-Meter-Brett sprangen. Ich wollte das auch, war aber noch nie vom Trampolin gesprungen und traute mich daher nicht. Ich schaute vom Beckenrand zu, als ein nur unwesentlich älterer Bub zu mir kam und sagte, ich solle ruhig springen, er würde aufpassen und mich retten. Das beruhigte mich. Ich ging zum Trampolin und sprang, aber sicherheitshalber ganz nah zum Beckenrand, weil dort die Stange war, die rund ums Becken lief und an der ich mich festhalten konnte. Ich tauchte auf, hielt mich fest und stellte mich sofort wieder zum Springen am Einser an. Der Bann war gebrochen.

Wir wurden Mitglieder im Schwimmclub »Friesen-Wien«, trainierten im Bad und schwammen auch bei einigen Wettkämpfen mit. Das Schwimmtraining war einigermaßen anstrengend. Fast immer hatten wir am Ende des Trainings blaue Lippen und zitterten vor Kälte am ganzen Körper. Einmal musste sich Günter nach dem Training vor dem Umziehen am Gang im ersten Stock vor lauter Anstrengung übergeben.

Günter

Beim Kassieren vom Zins fragte mich Herr Winkler, ob wir schwimmen könnten. Ich verneinte. Herr Winkler war Schwimmlehrer beim Schwimmclub »Friesen-Wien« und sprach Mama an, ob er uns mit ins Jörgerbad nehmen dürfe, um uns das Schwimmen beizubringen, einmal in der Woche, immer dienstags.

Eines Tages nach dem Training sagte er zu mir, dass ich ein guter Schwimmer sei und er mich für die Wiener Meisterschaften 1968 angemeldet hätte. Diese fänden im März im Floridsdorfer Bad statt, denn für offizielle Meisterschaften bräuchte es eine 25-Meter-Bahn. Wir trainierten für diese Meisterschaft einige Monate lang drei- bis viermal die Woche.

Dann war es so weit. An einem Sonntagvormittag nahm Herr Winkler Manfred und mich mit dem Auto zum Wettkampf mit. Er meldete uns an. Ich wurde für die 100-Meter-Lagen registriert. Das waren 25 Meter Schmetterling-, 25 Meter Rücken-, 25 Meter Brustschwimmen und 25 Meter Kraulen. Es gab vier Läufe mit je sechs Schwimmern. Ich zog mich in der Kabine um und bereitete mich auf meinen Lauf vor. Dann wurde mein Name mit meinem Startplatz Nummer vier aufgerufen.

Ich war sehr nervös, stellte mich auf meinen Startblock und schon ertönte das Kommando des Startrichters: »Auf die Plätze! Fertig! Los!«

Ich stieß mich mit voller Kraft vom Block ab und schwamm so schnell ich konnte. Nach der letzten Wende merkte ich, dass mich meine Kräfte verließen und ich langsamer wurde.

Da hörte ich die Zuschauer und meine Schwimmkameraden, die mich anfeuerten: »Günter! Günter! Schneller! Schneller!«

Ich gab alles und schlug mit letzter Kraft an. Erschöpft stieg ich aus dem Wasser. Herr Winkler kam auf mich zu und sagte, dass ich eine sehr gute Zeit geschwommen sei. Ich dachte, dass es das gewesen wäre und ging Richtung Kabine.

Da kam mir Herr Winkler nachgelaufen und rief: »Was machst du da? Bleib in der Badehose! Du musst zur Siegerehrung!«

Ich war wie weggetreten, bekam um mich herum nichts mehr mit und ging einfach mit Herrn Winkler zurück.

Dann kam die Lautsprecherdurchsage: »Dritter Platz geht an ...! Zweiter Platz geht an ...! Und der erste Platz geht an Günter vom Schwimmclub Friesen!«

Mir wurde ganz heiß, als ich auf das Siegerpodest stieg und die Medaille umgehängt bekam. Ich war stolz auf mich!

Doch das sollte noch nicht alles gewesen sein.

»Nun geben wir die besten Zeiten aller Jahrgänge für das Lagenschwimmen bekannt!«, schallte es aus dem Lautsprecher. »Dritter Platz: Günter vom Schwimmclub Friesen!«

Ich stieg zum zweiten Mal auf das Podest und erhielt die Bronzemedaille. Ich verbrachte noch den Wettkampftag bis zum frühen Nachmittag in der Schwimmhalle und zeigte die Medaillen jedem, der sie sehen wollte. Wie Manfred bei dem Wettkampf abschnitt, weiß ich nicht mehr.

Das war es aber auch mit meiner Schwimmkarriere, denn wir zogen noch im selben Jahr in den 12. Bezirk, weit weg vom Jörgerbad. Dort begann bei Wacker-Wien meine Fußballkarriere. Aber das ist eine andere Geschichte.

Wolfgang

Da wir alle drei im Schwimmverein waren, kamen wir im Sommer 1967 in den Genuss, eine Woche in Fürstenfeld in der Steiermark auf einem Trainingslager verbringen zu dürfen.

Wir fuhren mit dem Zug vom Südbahnhof mit einer grünen Lok der Reihe 1010. Das allein war für uns schon ein Erlebnis. 20 Kinder, alle ungefähr im gleichen Alter, wurden mit Kleinbussen (VW T1) abgeholt und in einem Sportheim untergebracht. Die Zimmer waren mit drei oder vier Stockbetten ausgestattet. Frühstück und Abendessen wurden im großen Saal eingenommen, zu Mittag aßen wir in einem Gasthaus, das Essen war im Preis inbegriffen. Zu trinken gab es Wasser oder man hatte ein wenig Taschengeld und konnte sich etwas bestellen. Wir drei hatten je zwanzig Schilling für eine Woche, somit waren wir sparsam und überlegten genau, was wir uns kaufen wollten. In einem Aufenthaltsraum stand ein Wuzzler. Dieses Tischfußballspiel kostete leider einen Schilling, aber manchmal gönnten wir uns das.

Das Freibad war sehr groß und mit einem Sportbecken sowie einem Sprungturm, der bis in zehn Meter Höhe reichte, und mit einem weiteren 50-Meter-Becken, das mit Naturwasser befüllt war, ausgestattet. Wir trainierten vier Stunden am Tag, aufgeteilt auf Vormittag und Nachmittag, die restliche Zeit konnten wir machen, was wir wollten. Meistens spielten wir »Eckenhascher«. Das Spiel war so angelegt, dass man von Ecke zu Ecke ins Wasser sprang und gleich wieder herauskletterte. Einer war der Jäger und wenn er dich erwischte, im Wasser oder an Land, dann warst du der Jäger. Es gab aber auch ein »Leo«, auf das man sich vorher geeinigt hatte, und wenn man dort war, war man in der neutralen Zone und der Jäger konnte einem nichts anhaben. Der Sprungturm war für uns alle ein Magnet. Der Bademeister öffnete ab und zu auch das Drei-Meter-Brett. Dabei hatte er die Aufsicht, damit nichts passierte. Bis wir uns dann trauten, vom Fünfer mit einer »Kerze« ins kühle Nass zu tauchen, dauerte es schon eine Weile. In einem günstigen Augenblick setzte ich mich auf die Schultern von Manfred und wir sprangen gemeinsam vom Fünfer. Für das Sieben- und Zehn-Meter-Brett fehlte uns der Mut.

Günter hatte einen ordentlichen Sonnenbrand, besonders im Nacken. Das kam natürlich vom vielen Schwimmen. Geschlafen haben wir alle wie Bären im Winterschlaf und unser Hunger war auch bärig. Durch die ständige Bewegung nahmen wir allerdings ab. Diese Woche hat uns gut getan. Wir hatten keine Sorgen oder Ängste. Eine schöne Zeit.

In den Ferien

Manfred

Im Waldviertel, in Rappoltschlag 26, steht das Elternhaus von Mama. Wir kamen immer zu viert, Papa war nie mit. Oma lebte noch im Haus mit ihrem Sohn Franz. Ein weiterer Sohn, Leopold, wohnte ebenfalls im Dorf. Am Wochenende war immer viel los in der Küche mit dem großen Holzherd und der Eckbank. Jedes Mal, wenn ein Auto oder ein Traktor vorbeifuhr, schaute man schnell zum Fenster hinaus. Für eine Sekunde erstarben die Gespräche. Man wollte sehen, wer da gerade vorbeifuhr, dann wurde ein Name genannt wie »der Huber Hans« und dann gingen die Gespräche weiter.

Über dem Tisch hing ein rostbrauner Klebestreifen, an dem zahlreiche Fliegen klebten. Manche fingen wir auch mit der Hand, wenn sie sich am Tisch niedergelassen hatten, zerdrückten sie oder schleuderten sie aus der geschlossenen Hand mit Schwung auf den Boden. In der Schublade des Tisches lag immer ein großer Laib dunkles Brot. Oma schnitt eine Scheibe ab, indem sie das Brot an ihren Oberkörper drückte und mit dem großen Brotmesser in Richtung des Körpers schnitt.

Das sah recht gefährlich aus und ich dachte oft: »Hoffentlich rutscht das Messer nicht ab!«

Es ging immer gut.

Onkel Franz hatte eine laute Stimme und vertrug es nicht, wenn die Küchentür, die zum Gang führte, offenstand.

»Tia zua, es ziagt!«, rief er dann und sogleich wurde die Tür geschlossen.

Im selben Befehlston hieß es für einen von uns: »Hol zwa Floschn Bier!«

Für uns war es selbstverständlich zu gehorchen. Niemals kamen wir auch nur auf die Idee, zu widersprechen oder unseren Unmut zu äußern. Der Huber-Wirt war ja nur einen Katzensprung entfernt und das einzig Unangenehme war, dass man uns nicht kannte und daher von den Männern am Stammtisch immer einer fragte: »Wem g'heast denn du?«

»Der Hechinger Rosa!«

Sobald sie diese Antwort vernahmen, sprachen sie noch ein wenig über die familiären Beziehungen der Hechingers und wir gingen wieder.

Zum Klo musste man über den Innenhof gehen. Es war ein Plumpsklo mit einem Holzdeckel und obwohl es im Freien stand, roch es dort nie gut. Zerschnittene Zeitungen dienten als Klopapier. Einmal fiel der Teddybär von Wolfgang hinunter. Ich weiß nicht mehr, wer ihn herausgeholt hat, jedenfalls befestigte man ihn an einer Schnur und ließ ihn so lange im Bach treiben, bis er nicht mehr stank.

Fad war uns nie. Wir wussten immer etwas zu tun. Die Erwachsenen kümmerten sich nicht um uns und wir verbrachten die Tage unbeschwert und mit einem Gefühl von großer Freiheit.

Auf dem Hof gab es einen Heuboden. Eigentlich war es uns streng verboten, dort zu spielen. Oma sagte, dass das Heu unseren Geruch annehmen würde und die Kühe es dann nicht mehr fressen wollten. Uns war das egal. Wir bauten Tunnels und sprangen immer wieder im weichen Heu herum, das unter unserem Gewicht nachgab und uns sanft auf dem Tennboden aufkommen ließ. Außerdem roch es intensiv und herrlich nach Natur.

Manchmal schickte uns Oma in die nächste Ortschaft Waldhausen einkaufen. Der Weg führte durch den Wald, über einen Bach und durch ein Weizenfeld. Das Korn stand schon hoch und wir waren nicht viel größer. Wir teilten mit unseren Händen das Getreide und bahnten uns so einen Weg durch das Feld.

Oma hatte einen Kartoffelacker auf einem Feld ein Stück außerhalb des Dorfes. Wir mussten Kartoffelkäfer klauben. Diese steckten wir in Zündholzschachteln und wenn sie voll waren, wurden sie angezündet. Mama sagte immer, den Kartoffelkäfer hätten die Amerikaner eingeschleppt.

In Rappoltschlag wohnte auch Onkel Leopold mit seiner Frau Resi und den drei Kindern in einem Haus etwas außerhalb des Ortszentrums. Mit den beiden Söhnen, Leopold und Ewald, beide in unserem Alter, unternahmen wir viel. Etwas unterhalb des Hauses, getrennt durch die schmale Dorfstraße, wohnten die »Russen«, ein Ehepaar, von dem wir den richtigen Namen nicht wussten, in ärmlichen Verhältnissen. Wenn wir gerade nichts Besseres zu tun hatten, legten wir uns vorm Haus von Onkel Leopold auf die Lauer und beschossen das Haus der »Russen« mit Steinschleudern. Das taten wir so lange, bis der Mann mit einer Mistgabel in der Hand herausgelaufen kam, nach uns Ausschau hielt und fürchterlich zu schimpfen und wettern begann. Damit hatten wir erreicht, was wir wollten, und wandten uns wieder anderen Dingen zu.

An der Hauptstraße lag das Feuerwehrhaus, in dem es eine große Tiefkühltruhe für die Dorfbewohner gab, in der sie Lebensmittel einfrieren konnten. Ewald und Leopold wussten, dass die Tür nicht immer abgesperrt war. Wenn sie offen war, bedienten wir uns aus der Tiefkühltruhe und jeder nahm sich einen Eislutscher.

In der Wachau, in Schwallenbach, hatten zwei Schwestern von Mama jeweils ein Haus: Tante Mizzi und Tante Juli. Meistens wohnten und schliefen wir bei Tante Mizzi. Mit ihren beiden Söhnen, Franzi und Fredl, und der Tochter, Herta, verstanden wir uns sehr gut. Nur selten wurden wir als die »Weana« oder als »Stadtkinder« bezeichnet.

Von Schwallenbach war es nicht weit zur Donau und so gingen wir oft gemeinsam hinunter, um dort zu schwimmen. Das Wasser der Donau war trübbraun und beim Tauchen entdeckte ich einmal das Skelett eines Schweinekopfes. Ein Höhepunkt war immer, wenn wir aus der Ferne die Geräusche der Schaufelraddampfer hörten, die damals als Passagierschiffe unterwegs waren. Kamen sie in Sichtweite, wussten wir sofort, um welches Schiff es sich handelte. Das konnten wir an den Schornsteinen erkennen. An die »Schönbrunn«, die »Stadt Wien« und die »Johann Strauß« erinnere ich mich noch. Die Schiffe zu unterscheiden war deshalb wichtig, weil sie verschieden große Wellen produzierten. Je höher diese waren, desto besser für das, was wir »Anschwimmen« nannten. Näherten sich die Schiffe, schwammen wir möglichst nahe hin, um große Wellen abzubekommen und auf diese Art und Weise in den Genuss eines »Wellenbades« zu gelangen.

Ob die Kapitäne der Schiffe das auch so sahen, wage ich zu bezweifeln, aber die Passagiere an Bord winkten uns immer zu.

Einen flachen Stein zu nehmen und so zu werfen, dass er möglichst oft übers Wasser hüpfte, war ein beliebter Zeitvertreib. »Blattln« hieß das. Einmal – ich glaube, es war wirklich nur einmal – erprobten wir eine Variante davon: Ein paar von uns stellten sich in die Donau, sodass nur mehr ein kleiner Teil des Oberkörpers und der Kopf aus dem Wasser ragten. Die anderen am Ufer blattelten mit den Steinen in unsere Richtung und wir sollten, falls es einmal gefährlich wurde, einfach mit dem Kopf abtauchen. Das tat ich auch. Womit ich aber nicht gerechnet hatte, war, dass unmittelbar nach dem Auftauchen ein weiterer Stein auf mich zugeblattelt kam und der traf mich knapp unter dem linken Auge. Natürlich blutete ich und obwohl nur eine kleine Wunde und eine Schwellung zu sehen waren, fiel es den Erwachsenen doch auf.

»Das Auge hättest du verlieren können!«, war ihre Reaktion, aber auch nicht viel mehr.

Anscheinend waren sie einfach froh, dass nicht mehr passiert war und bald war das kein Gesprächsthema mehr. Für mich war es unbegreiflich, nicht bestraft zu werden. Von zuhause war ich anderes gewohnt.

Am Bauernhof von Tante Mizzi gab es einen großen Bienenstock, Schweine, eine Kuh, Hasen und Hühner. Wenn wir im Hof spielten, summten die Bienen ständig um uns herum und manchmal traten wir auch auf eine. Wir waren barfuß unterwegs und es tat kurz weh, aber wir machten keine große Sache daraus. Lästig waren beim Fußballspielen die Hinterlassenschaften der

Hühner, die wir im Eifer des Gefechts übersahen und die auf der Fußsohle oder zwischen den Zehen ihre übel riechenden Spuren hinterließen.

Die Hasen hatten es mir angetan. Ich hockte mich vor dem Hasenstall hin und fütterte sie verbotenerweise mit dem Mais, den Tante Mizzi im Schupfen aufgehängt hatte. Besonders mochte ich einen großen, schwarzen Hasen. Wenn ich meinen Zeigefinger ans Gitter hielt, kam er und schnupperte daran und seine Nase bewegte sich dabei auf und ab. Manchmal öffnete ich die Tür, streichelte ihn, musste aber aufpassen, dass er nicht das Weite suchte. Eines Tages war der Hasenstall leer, mein schwarzer Hase weg. Ich dachte mir nicht viel dabei. Zu Mittag gab es sehr oft Fleisch. So auch an diesem Tag. Ich hatte bereits ein paar Bissen davon gegessen, als jemand sagte, dass das der schwarze Hase sei, der heute geschlachtet worden war. Ich begann zu weinen. Weiteressen konnte ich nicht mehr.

Ein einziges Mal nahm mich Papa ins Salzburgische mit. In Lend, in der Nähe von Zell am See, wohnte Opa Rupert, der Vater von Papa. Wir fuhren mit dem Zug. Als der Kellner das Abteil öffnete und uns fragte, ob wir etwas trinken wollten, wusste ich nicht, was ich sagen sollte.

Diese Frage war für mich völlig neu, wir bekamen ja sonst immer etwas vorgesetzt und man konnte auf die Frage: »Willst einen Ribiselsaft?« nur ja oder nein sagen.

Der Kellner nannte einige Getränke mit Namen, die mir nichts sagten. Schließlich bestellte Papa ein Mineralwasser für mich. Auf dem Etikett war eine Frau zu sehen, die eine Wasserschale über dem Kopf trug, aus der es sprudelte, Vöslauer also. Ich hatte noch nie Mineralwasser getrunken und bereits der erste Schluck schmeckte fürchterlich und mir graute es vor der Vorstellung, alles trinken zu müssen. Ich ließ es also immer lange stehen, bevor ich einen weiteren Schluck nahm. Das verschlimmerte natürlich die Sache, weil das Mineralwasser jetzt auch noch warm war. Ich traute mich Papa nicht zu sagen, dass es mir nicht schmeckte, weil ich Angst hatte, er würde böse werden.

Mit Papa und Opa Rupert machten wir einen Ausflug auf die Schmittenhöhe. Das war schön!

Günter

An einem Samstag in der Früh erklärte mein Vater: »So, Günter, wir fahren nach Lend.«

»Noch nie gehört«, dachte ich und fragte: »Was machen wir dort?«

»Wir besuchen deinen Opa.«

Er nahm eine Tasche, packte ein paar Kleidungsstücke ein und wir gingen zum Moped. Das hatte einen kleinen Gepäckträger, auf dem ich nur knapp Platz fand. Er hängte sich die Tasche um die Schulter und wir fuhren los. Gegen Mittag fragte ich schüchtern, wie lange wir noch unterwegs sein würden.

Er sagte: »Heute wird das nichts mehr, dass wir in Lend ankommen.«

Mir tat mein Popo bereits extrem weh und ich fragte, ob wir eine Pause machen könnten, da ich Hunger hätte.

»Ja, gleich!«

Schließlich hielt er bei einem Gasthaus an. Ich stieg vom Moped ab und konnte mich kaum auf den Beinen halten, weil sie steif wie Bretter waren. Mein Hintern schien eingeschlafen zu sein, ich spürte ihn überhaupt nicht mehr. Der Kellner kam und mein Vater bestellte für mich einen Almdudler und für sich einen Gespritzten. Dazu gab es je eine Wurstsemmel. Er bezahlte und weiter ging es, bergauf und bergab. Wenn es bergauf ging, musste er in die Pedale treten, damit das Moped nicht stehenblieb. Ich konnte vor Schmerzen nicht mehr sitzen und bewegte mich einmal auf die linke und einmal auf die rechte Seite.

Nach kurzer Zeit schrie aber mein Vater: »Sitz ruhig! Wir sind gleich da!«

Es wurde schön langsam dunkel, als wir zu einem Gasthaus kamen.

Ich schaute Papa an: »Sind wir schon bei Opa?«

»Nein, da kommen wir erst morgen an!«

Ich dachte: »Das halte ich nicht mehr aus!«

Papa fragte den Wirt, ob er ein freies Zimmer habe. Der nickte. Zum Abendessen gab es für jeden ein Paar Frankfurter mit einer Semmel. Dann gingen wir auf das Zimmer. Ich zog mich aus, fiel, ohne mir die Zähne zu putzen, ins Bett und schlief sofort ein.

Am nächsten Tag weckte mich mein Vater. Ich spürte sofort, dass mir vom Sitzen auf dem Moped immer noch alles weh tat. Wir gingen in die Gaststube zum Frühstücken. Für mich gab es eine Semmel mit Butter, dazu eine heiße Schokolade, Papa trank zwei Kaffee und aß nichts. Er bezahlte, holte unsere Sachen und wir fuhren wieder los. Bei der nächsten Tankstelle tankte er das Moped voll und kaufte Proviant für die Weiterreise.

Wir fuhren den ganzen Tag, bis wir in Lend ankamen. Vater stellte das Moped in einer Scheune ab und als wir herauskamen, sahen wir einen alten Mann vor einer Tür stehen, die zu einer der ÖBB-Wohnungen gehörte.

Vater sagte: »Das ist der Opa Rupert!«

Dieser begrüßte uns sehr herzlich und fragte: »Was machts ihr da?«

»Na, einen Besuch, dass du deinen Enkel einmal kennenlernst!«

Opa freute sich sichtlich darüber. In der Wohnung lernte ich seine Lebensgefährtin kennen.

»Möchtest du eine heiße Schokolade?«, fragte sie mich.

»Ja«, antwortete ich.

Sie machte die beste Schokolade, die ich bis dahin je getrunken hatte.

In den nächsten Tagen machten wir wunderschöne Ausflüge mit Opa. Wir wanderten auf die Schmittenhöhe und badeten in einem Teich, der ganz in der Nähe war. Opa hatte einen Schäferhund, der immer einen Korb im Maul trug. Ich hatte Angst vor ihm, aber er tat mir nichts. Das Essen war immer herrlich! Es gab Schnitzel mit Kartoffelsalat, Schweinsbraten mit Knödel, also alles, was es bei uns zu Hause nur sehr selten gab. Etwas ganz Besonderes für mich war, dass der Zug direkt vor den Fenstern der Wohnung vorbeifuhr. So vergingen die Tage bis zur Heimfahrt. Gerade als meine Schmerzen vom Sitzen am Moped weg waren, ging es wieder von vorne los mit einer Zweitagesreise heimwärts. Zu Hause angekommen, erzählte ich meinen Brüdern von Opa und von meinen Erlebnissen.

Es war der einzige Urlaub, den ich als Kind mit meinem Vater machte.

Wenn wir in den Ferien zu Hause waren, gehörte Fernsehen zu meiner Lieblingsbeschäftigung. Da wir selbst keinen Fernseher hatten, ging ich meistens zu Walter. Es spielte die Serie »Comedy Capers«, pünktlich um 14.00 Uhr.

Plötzlich sagte Walter: »Ich möchte zehn Groschen von dir fürs Fernsehen.«

Die hatte ich nicht, aber mir fiel spontan etwas ein. Ich warf einen winzigen Kieselstein, den ich im Hosensack hatte, durch das geöffnete Fenster und sagte: »Such einstweilen die zehn Groschen, während ich schau.«

Dieses Spiel machte ich in weiterer Folge noch ein paarmal mit ihm. Er fand es nie, das Geld.

Aber auch in Rappoltschlag gab es für uns Buben die Möglichkeit fernzusehen, nämlich beim Nachbarn Schmutz am Samstagabend – mit Frucade! Das war für mich der Höhepunkt der Woche.

An einem Nachmittag verabredete ich mich mit Leopold, meinem Cousin. Wir wollten miteinander spielen.

Da sagte Leo: »Morgen fahr ich mit dem Zug nach Zwettl. Ich muss mich für die Hauptschule anmelden. Willst mitfahren? Um acht Uhr fährt der Zug von Waldhausen ab. Das sind von hier drei Kilometer zu Fuß. Wir müssen uns vor dem Haus um viertel acht treffen. Na, was ist? Kommst mit?«

Ich antwortete spontan: »Ja, ich bin morgen da!«

Sogleich fügte ich aber hinzu: »Das wird meine Mutter nicht erlauben.«

Leo entgegnete: »Wir sagen deiner Mutter einfach, dass wir morgen bis Mittag im Wald spielen, ok?«

Ich schlief wenig, denn ich war sehr aufgeregt.

Am Morgen ging ich in die Küche, um zu frühstücken. Im Vorbeigehen blickte ich auf die Pendeluhr. Sie zeigte kurz nach sieben! Ich lief aus dem Haus, ohne etwas getrunken oder gegessen zu haben. Leo wartete schon auf mich und wir gingen rasch los, um den Zug zu erreichen. Im Wald begannen wir zu laufen, weil die Zeit bereits knapp wurde. Wir erwischten ihn, stiegen ein und ein paar Minuten später fuhr er los.

Ich fragte Leo: »Wie lange dauert es, bis wir in Zwettl ankommen?«

»Circa eine Stunde«, antwortete er.

Dann kam der Schaffner und sagte mit lauter Stimme: »Fahrkarten, bitte!«

Mir stockte der Atem, ich hatte keine!

»Na?«, fragte der Schaffner, »hast du eine Karte?«

Ich schüttelte den Kopf.

»Zwei Schilling«, forderte er.

Ich sagte: »Hab ich nicht!«

Leo stand auf, stellte sich vor mich hin, griff in die Hosentasche, zählte vier Schilling in seine Hand und gab sie dem Schaffner.

»Danke, Leo! Ich hab kein Geld.«

»Macht nichts. Ich hab ein paar Schilling von meinen Eltern mitbekommen.«

Während der Fahrt fiel mir die Mappe auf, die er bei sich hatte.

»Was ist in der Mappe?«, fragte ich neugierig.

Leo antwortete: »Das letzte Zeugnis von der Volksschule, Staatsbürgerschaft und Meldezettel.«

In Zwettl kamen wir kurz nach neun Uhr an. Zehn Minuten später waren wir bei der Hauptschule. An der Eingangstür stand: Anmeldung für die erste Klasse im ersten Stock, Zimmer 13.

»Ok«, sagte Leo, »gehen wir!«

Im ersten Stock hörten wir schon Stimmen aus einem der Klassenzimmer. An der Tür hing ein weiterer Zettel: Anmeldung für die erste Klasse. Bitte der Reihe nach eintreten! Wir mussten warten. In der Klasse wurde geredet und geredet.

Uns wurde langweilig. Da sahen wir am Ende des Ganges eine Klassentafel an der Wand lehnen, die Seitenwände der Tafel waren geschlossen.

Wir gingen hin und Leo sagte: »Auf der Tafel steht innen sicher was geschrieben.«

Ich sagte: »Machen wir sie auf, dann sehen wir, was da steht.«

Leo öffnete den linken Flügel, ich versuchte den rechten aufzuklappen. Da passierte es: Die Tafel kippte nach vorne! Leo sprang nach links weg und ich nach rechts. Zu spät! Die Tafel erwischte mich am Rücken. Ich stürzte und die Tafel blieb auf mir liegen. Es machte einen derartigen Knall, dass ein Lehrer aus dem Klassenzimmer gestürzt kam und sofort sah, was passiert war. Er hob mit Leo die Tafel an, damit ich rauskrabbeln konnte.

Ich stand auf, der Lehrer schaute mich an und fragte: »Ist dir was passiert? Blut sehe ich keines!«

Zu Leo sagte er: »Wir melden dich jetzt für die erste Klasse an.«

Ich wartete inzwischen am Gang und bemerkte, dass mir das ganze Gebiss verdammt weh tat.

Leo kam heraus, schaute mich an und fragte: »Was ist los?«

»Meine Zähne«, sagte ich, »schau mal! Fehlt da irgendwo ein Stück?«

Leo sagte: »Nicht der Rede wert! Vorne fehlt ein Stück, aber wie gesagt, es ist so gut wie nichts.«

Ich fuhr mit meiner Zunge, die fast taub war, auf und ab und kontrollierte immer wieder meine Zähne. Dann gingen wir los und zehn Minuten später waren wir wieder am Bahnhof. Der Schmerz hatte etwas nachgelassen und jetzt spürte ich, dass ein Stück vom Schneidezahn fehlte. Mir wurde ganz heiß.

»Leo!«, rief ich, »da stimmt was nicht mit dem Zahn da vorne!«

Er schaute sich den Zahn noch einmal genau an und sagte: »Der Zahn ist so, wie er war, man sieht fast gar nichts. Wenn deine Mutter was merken sollte, zieh einfach die Lippe runter, dann sieht man überhaupt nichts.«

»Super Idee«, dachte ich mir.

Wir stiegen in den Zug.

Nach einer Stunde kamen wir wieder in Waldhausen an und von dort machten wir uns sogleich auf den Heimweg nach Rappoltschlag. Aus einiger Entfernung sah ich meine Mutter vor dem Haus stehen.

Sie erwartete mich schon und schrie mich an: »Wo warst du? Ich habe dich überall gesucht, bis ich erfahren habe, dass du mit Leo mit dem Zug nach Zwettl gefahren bist!«

Ich schrie zurück: »Du hättest es mir nie erlaubt!« und ging auf sie zu.

»Was ist mit deiner Lippe?«, fragte sie, als ich ganz nah vor ihr stand.

»Nichts«, antwortete ich.

Sie zog mich zu sich heran und schob mit ihrem Daumen die Oberlippe ganz nach oben. Ich schrie vor Schmerz auf. Mama sah sofort, dass vom Schneidezahn ein Stück abgebrochen war.

»Wie konnte das passieren? Kannst du nicht aufpassen? Jetzt ist dein ganzes Gesicht verschandelt!«

Leopold erzählte, wie es dazu gekommen war.

Ich lief davon und versteckte mich für einige Stunden bei Leo zu Hause. Dann ging ich zurück zu Omas Haus. Mama war auch da und blickte mich mit finsterer Miene an.

Oma sagte: »Lass anschauen!«

Ich zeigte ihr den Schneidezahn.

Sie wandte sich an Mama: »Geh, Rosl, das ist ja nicht so schlimm.«

Mama meinte: »Wenn wir in Wien sind, müssen wir sofort zum Zahnarzt.«

Ich bekam Angst.

Nach einigen Tagen waren wir wieder in Wien und bald darauf hatten wir einen Termin. Ich ging widerwillig mit. Im Ordinationszimmer setzte ich mich auf den Behandlungsstuhl.

Der Arzt sagte: »Mund auf!« und sah sofort das Problem.

Zu meiner Mutter gewandt meinte er: »Bis der Bub achtzehn ist, ist da nichts zu machen. Der Zahn muss ausgewachsen sein.«

Ich war froh und erleichtert und wollte gerade aufstehen, als er sagte: »Aber links unten ist ein Zahn, der gerissen gehört, der hat Karies!«

Ich dachte: »Reißt er ihn jetzt gleich heraus?«

»Machen Sie einen Termin bei meiner Ordinationshilfe!«

Was ich erlebte, als dieser Zahn entfernt wurde, das ist eine andere Geschichte.

Mama, Manfred, Wolfgang und ich verbrachten viele Sommerferien in Rappoltschlag. Nach dem Aufstehen gingen wir alle frühstücken. Es gab Landbrot mit Rama und Marmelade. Wir aßen jeder mindestens zwei Brote. Wenn das Wetter schön war, sagte immer einer von uns, dass wir heute Fußball spielen sollten. Vor dem Haus gab es eine große Wiese und wenn diese am Vortag gemäht worden war, hatten wir ideale Bedingungen. Wir drei begannen zu spielen und es dauerte nicht lange, bis aus jeder Richtung Kinder kamen, die mitspielen wollten. So spielten wir oft sechs gegen sechs. Das war super! Wir »ballesterten« den ganzen Vormittag bis zum Mittagessen.

In den Ferien fuhr Mama mit uns drei auch immer in die Wachau. In Schwallenbach wohnten ihre zwei Schwestern Mizzi und Juli mit ihren Familien und wir konnten alle bei Tante Mizzi unterkommen.

Wir fuhren also mit dem Zug vom Franz-Josefs-Bahnhof bis nach Schwallenbach. Die Fahrt mit der Dampflok dauerte drei Stunden. Mama öffnete uns immer das Fenster, indem sie an dem dort befestigten gelochten Gurt zog und diesen an einem kleinen Zapfen fixierte. Das war angenehm, der Fahrtwind kühlte uns ein bisschen. Die anderen Fahrgäste waren weniger begeistert, denn es flogen immer wieder Rußpartikel in den Waggon und sie wollten daher das Fenster schließen. Meist ging das aber nicht mehr, weil der Gurt so straff fixiert war, dass er nicht mehr aus dem Loch gezogen werden konnte.

Während unserer Zeit in der Wachau war auch immer Marillenernte, meist in der zweiten oder dritten Juliwoche. Tante Mizzi hatte etwas außerhalb von Schwallenbach 80 Marillenbäume und wir halfen, so gut wir konnten, im Garten mit. Am Morgen packte man für uns eine Jause ein – belegte Brote mit Wurst und Käse und eine mit Wasser gefüllte Flasche – und wir gingen die zwei Kilometer zu Fuß in den Marillengarten und begannen zu ernten. Wenn Autos stehen blieben und Marillen gekauft wurden, durfte ich auch kassieren. Das Kilo kostete drei bis vier Schilling. Das ging ein paar Tage so, bis uns Tante Mizzi fragte, ob wir uns ein wenig Geld verdienen wollten. Natürlich wollten wir. Sie sagte, dass wir alle Marillen, die auf dem Boden lägen und für den Verkauf nicht mehr geeignet seien, weil sie bereits zu weich seien oder braune Stellen hätten, aufklauben sollten. Die Firma Hellerschmid in Krems würde dann aus diesen Marillen Schnaps brennen.

Ich begann also die zu Boden gefallenen Marillen einzusammeln und, wie ich so sammle, auch immer wieder eine davon zu essen. Mit der Zeit landeten mehr in meinem Magen als in dem Kübel, in den ich sie eigentlich hineingeben sollte. Plötzlich grummelte es in meinem Bauch und ich bekam Schmerzen. Dann passierte es: Meine Unterhose wurde feucht. Ich wusste, was das bedeutete. Ich hatte mich angemacht, weil ich Durchfall hatte. Was nun? Ich rannte zur Donau hinunter, versteckte mich hinter einem Busch und blickte mich ängstlich um, ob mich wohl auch niemand sah. Rasch zog ich meine Unterhose aus, grub ein Loch in den Sand, ließ sie darin verschwinden und schüttete das Loch wieder zu. Ich war gerettet! Vom Donauufer zurück im Marillengarten sagte ich zu Tante Mizzi und zu meiner Mutter, dass ich für heute genug hätte, müde sei und nach Hause gehen wolle.

»In Ordnung«, stimmte Mama zu und ich machte mich auf den Weg.

Als ich nach ein paar Metern wieder diesen Schmerz in der Bauchgegend verspürte, ging es schon wieder los! Diesmal wurde meine kurze Hose feucht und stank fürchterlich. Was jetzt tun? So schnell ich konnte, lief ich nach Hause. Dort schaute ich mich um.

»Niemand da, Gott sei Dank!«, dachte ich.

Wohin nur mit der Hose? Aber zuerst noch rasch meinen Po gewaschen, eine saubere Unterhose und darüber eine frische kurze Hose angezogen! Dann blickte ich mich im Hof um, um eine geeignete Stelle zum Entsorgen meiner stark riechenden kurzen Hose zu finden und entschied mich für den Misthaufen.

»Der stinkt ja auch«, dachte ich.

Ich war in Schweiß gebadet und ging ins Haus ich musste mich ausruhen.

Einige Zeit später kam Mama nach Hause und fragte mich, ob ich meine Hose und die Unterhose in die Wäsche gegeben hätte, weil ich so geschwitzt hätte.

»Ja«, log ich.

Am nächsten Morgen sagte meine Mutter, dass sie nach dem Frühstück Wäsche waschen würde. Wer noch etwas habe, das gewaschen gehöre, solle es ihr geben. Tante Mizzi hatte keine Waschmaschine und Mama musste alles händisch waschen.

Nach kurzer Zeit rief sie: »Günter, wo sind deine Hosen? Ich finde sie nicht!«

»Ich habe sie aber gestern dorthin gelegt!«

Meine Mutter ließ nicht locker, ihr Ton wurde lauter: »Wo hast du sie hingetan?«

Als mir schon ganz heiß wurde, rief plötzlich Tante Mizzi dazwischen: »Lass doch den Buam in Ruhe wegen der depperten Hosen!«

Ich war erleichtert und Mama fragte nicht mehr. Am selben Tag waren die Hosen nach der Arbeit im Marillengarten für Mama wieder ein Thema.

»Fällt dir nicht ein, wo die Hosen sein könnten?«, fragte sie mich.

Tante Mizzi rettete mich wieder, indem sie sagte: »Wenn ich sie finde, schicke ich sie dir.«

Ich war froh, dieses Thema vom Tisch zu haben.

»Was für Ferien!«, dachte ich mir.

Wolfgang

Auf die Sommerferien habe ich mich immer gefreut: drei Wochen Waldviertel, drei Wochen Wachau. Im Waldviertel war immer etwas los. Mit Onkel Leopold marschierten wir durch Wälder und über Wiesen und durch sehr hohe Brennnesseln.

»G'sund is des!«, sagte er.

Er hatte ja eine lange Hose an, wir gingen aber den ganzen Sommer mit der kurzen Ledernen. Die hat alles mitgemacht.

Einmal spielten wir bei Oma mit der Puch 125 von Onkel Franz. Die stand im Haus am Gang gegenüber vom Waschkessel und begann sich plötzlich gefährlich zur Seite zu neigen. Wir waren zu fünft und konnten sie nicht aufrichten. Auf einmal war die Oma da, nahm die Puch und flugs stand sie wieder, wie es sein sollte. Da staunten wir ganz schön, wie stark die Oma war. Später holten wir uns vom Gasthaus Huber einige Tschick der Marke A3. Man konnte sie damals auch einzeln kaufen und wir bekamen sie nur, weil die Wirtstochter Gerda anwesend war. Sie war in meinem Alter und wir verstanden uns gut. Wir, die Fünferbande, liefen dann gleich in den Wald und pofelten, bis nichts mehr da war. Es wusste ja keiner, wie das echte Rauchen geht. Wir gingen nachher zu Oma, Mama war auch da. Sie fragte uns, ob wir geraucht hätten.

»Nein«, logen wir.

Aber wir hatten keine Chance: Manfred hatte am Schneidezahn noch Tabak kleben, die A3 waren ja filterlos. Das Gute war, es gab keine Sanktionen. Das waren wir Brüder nicht gewohnt.

Es war ein schöner Sommertag und der Morgen war noch etwas kühl. Das Frühstück bei Oma bestand aus einer großen Schnitte Brot mit Rama, einem Häferl Milch und mit einem Löffel Caro. Das war so eine Art Malzkaffee. Den rührte man gut an und fertig war der Kinderkaffee.

Wir drei waren wieder mit unseren Cousins Leo und Ewald verabredet. Diesmal war der Purzelkamp unser Ziel, ein kleines Bächlein zwischen Rappoltschlag und Waldhausen. Dieser Weg war früher auch Mamas Schulweg gewesen. Wir zogen gleich los, hinter die Kegelbahn in Richtung Bach. Dort gab es sehr viele Brennnesseln. Wir trugen ja den ganzen Sommer über die kurze Lederne und die Brennnesseln streiften uns oft an den Beinen. Aber ein echter Indianer kennt keinen Schmerz.

Nach kurzer Wegstrecke mussten wir ein relativ kleines Gewässer überwinden, so eine Art Entwässerungsbacherl. Leo war der erste. Er nahm Anlauf und sprang darüber. Ich war der letzte und schaffte es gerade noch ans andere Ufer. Kurze Zeit später waren wir an unserem Ziel. Wir standen auf einer kleinen Brücke und schauten, ob wir Fische entdecken konnten. Wir legten auch große Steine in den Bach und stauten so das Wasser ein wenig auf. Wenn wir dann hineinstiegen, reichte uns das Wasser fast bis zur Lederhose. Es war sehr kalt und so gingen wir bald wieder Richtung Rappoltschlag. Wir waren nicht mehr weit entfernt, als wir wieder vor dem kleinen Bach standen, aber diesmal an einer anderen Stelle. Diese war etwas breiter und ich bekam Angst.

Leo sagte: »Das schaffst du schon!«

Einer nach dem anderen sprang darüber, ich war wieder zum Schluss dran. Alle feuerten mich mit Rufen an. Derart motiviert nahm ich Anlauf, sprang und merkte im gleichen Augenblick: »Das geht sich nicht aus!«

Die Böschung war an dieser Stelle über einen Meter hoch und ich rutschte in Zeitlupe ins Gewässer, tauchte kurz unter und merkte, dass im Wasser auch Jauche mit dabei war. Inzwischen waren schon Hände da, die mir aus der Kloake heraushalfen. Ich zog mich bis auf die Unterhose aus und ging gleich zu Oma.

Mama war auch da und fragte: »Was stinkt denn da so?«

»Ich!«

Mama schrubbte mich mit Hirschseife ab und ich roch wieder gut. Nicht so die Lederne. Die stank den ganzen Sommer über noch leicht nach Jauche. Was für ein Tag!

Tante Mizzi in der Wachau hatte ein großes Bienenhaus. Das Klo war in der Nähe über den Hof, quasi am Misthaufen angebaut. Ein Plumpsklo mit einem Brett und Loch in der Mitte und einem Herzerl an der Tür. Wir waren ja den ganzen Sommer so gut wie ohne Schuhe unterwegs und wenn wir aufs Klo mussten, traten wir oft auf eine Biene. Das tat nur am Anfang der Ferien weh. Gegen den Schmerz gab es Zwiebel zum Einreiben.

Wir hatten in den Ferien volle Freiheit und so gingen wir drei mit unseren Cousins Fredi und Franzl in die Donau schwimmen. Unser Ziel war die nächste Ortschaft Spitz. Wir näherten uns der Fahrrinne und nutzten die starke Strömung aus. Ich war damals neun. Bei der Hälfte der Strecke steuerten wir wieder auf das Ufer zu. Das war gar nicht so einfach, aber es ging immer gut. Danach kletterten wir über den Zaun des Freibades an der Donau. So sparten wir den Eintritt und konnten uns dafür Kaugummi der Marke Bazooka – plus Abziehbild – kaufen.

Zur Heimreise nach Schwallenbach benutzten wir den Zug. Wir sperrten uns in der Toilette ein und hofften, dass der Schaffner nicht kommen würde. Das waren bange Minuten. Kurz bevor der Zug stehen blieb, wurde die Zeit knapp für uns und als er hielt, stürmten wir ins Freie. Ab und zu schimpfte der Schaffner und rief uns nichts Schmeichelhaftes nach.

Am Abend gab es Marillenknödel in Hülle und Fülle. Tante Mizzi hatte ja einen großen Marillengarten, der uns gut ernährte. Danach gingen wir ins Gasthaus Meyer. Dort stand ein Fernseher im Gastraum. Wir kauften uns ein Eis – meistens war es ein Lutscher um einen Schilling – und schauten uns die Serie »Simon Templar« an.

Der Platz zum Schlafen war eng und so teilte ich mir das Bett mit meiner Cousine Herta. Die war so um die dreizehn und eine Hübsche. Sie las mir meistens noch was vor. Ich habe ihre Nähe genossen, mir fehlte das Zuhause. Wenn sie in der Früh aus dem Bett stieg, bewunderte ich ihr Babydoll, ein kurzes weißes Hemdchen und ein mit Spitzen verziertes Höschen. Sie hatte einen süßen Hintern! Ich war schon in der Frühpubertät. Ein tolles Erlebnis!

Zum Abschluss der Ferien in der Wachau besuchten wir den Marillen-Kirtag. Da war was los! Einige Schausteller waren anwesend mit Ringelspiel, Dosenwerfen und einem Standl, wo man mit einem Luftdruckgewehr Rosen abschießen konnte und für gute Treffer Stofftiere als Preis bekam. Zuckerwatte zu essen war Pflicht. Und da war auch noch das zwei Meter große Gesicht aus Pappe. Man warf fünf Schilling hinein, dann streckte es die Zunge heraus und darauf befand sich ein ziemlich großer Marillenknödel. Aber von denen hatten wir uns bei Tante Mizzi eh schon satt gegessen. Ich erwarb bei einem Stand eine Klarinette aus Plastik. Die nahm ich beim Leiterwagerl Fahren mit. Der Start war bei Tante Juli und dann ging es zügig die Straße bergab zu Tante Mizzi. Während der Fahrt spielte ich auf der Klarinette so etwas Ähnliches wie »Trari, trara, die Post ist da!« Das war eine Hetz! Das Leiterwagerl litt durch die hohe Beanspruchung und die vielen Abfahrten enorm und Tante Mizzi nahm es uns weg.

»Ich brauch es zum Hasenfutter Führen«, erklärte sie uns.

Aber sie war eine Gute und nach abgeschlossener Marillenernte lud sie uns alle auf eine Schifffahrt auf der Donau von Krems nach Spitz ein. Das war auch das Ende der Ferien. Leider.

Ende einer Kindheit

Manfred

Die letzte Nacht in unserer Wohnung – ich war im elften Lebensjahr – verbrachte ich auf einer blauen Luftmatratze. Ich blies sie selbst auf und pumpte so viel Luft wie nur möglich hinein. Als ich mich zum Schlafen legte, war sie deshalb sehr hart und da es kein Leintuch mehr gab, weil die meisten Sachen bereits in der neuen Wohnung waren, lag ich direkt auf der Luftmatratze, die noch dazu intensiv nach Gummi roch. Ich schlief nicht gut. Es war ein beklemmendes Gefühl, in dem Raum zu liegen, in dem wir bisher unsere Kindheit verbracht hatten, und der jetzt seltsam leer und ohne die vertrauten Gegenstände fremd und ungewohnt war.

Ich kann mich nicht erinnern, dass Mama mit uns über die Scheidung gesprochen hätte. Wenn wir abends in unseren Betten lagen, hörte ich allerdings manchmal hinter der geschlossenen Küchentür, wie die Eltern leise miteinander stritten. Papa war einfach eines Tages nicht mehr da. Ohne Abschied und ohne ein Wort verschwand er aus unserem Leben. Ich weinte ihm keine Träne nach. An seiner Stelle kam in einem fließenden Übergang »Onkel Franz«, der unser Stiefvater wurde. Zu ihm haben wir nie »Papa« gesagt.

Günter

An einem Sonntag in den Ferien kochte Mama für uns Augsburger mit Püree. Es schmeckte uns sehr gut. Wir kannten dieses Gericht bereits, da wir es schon einige Male in diesem Jahr gegessen hatten. Wie immer ohne Ketchup, weil das zu teuer war. Als wir fertig gegessen hatten, wollten wir sofort in das Wohnzimmer spielen gehen.

Mama aber sagte: »Kommt zu mir, ich muss euch etwas sagen!«

Wir waren sehr gespannt, was uns Mama mitteilen wollte, setzten uns auf den Boden und warteten auf das, was sie so Dringendes zu sagen hatte.

Nach kurzer Zeit und mehrmaligen Versuchen, einen Satz zu beginnen, nahm sie einen Schluck Wasser und sagte mit leiser Stimme, sodass wir sie kaum verstanden: »Euer Papa und ich trennen uns, er wird nicht mehr bei uns wohnen.«

Wir fragten: »Warum?« und »Wo geht er denn hin?«

Mama sagte: »Er hat schon etwas gefunden.«

Ich war mir nicht sicher, ob ich ihr das glauben sollte. In diesem Moment wusste ich auch nicht, ob ich froh oder traurig war.

In diesen Ferien lebten wir nun schon einige Zeit ohne Papa und es war ruhiger geworden bei uns zu Hause. An einem Sonntag kochte unsere Mutter das Essen für uns drei. Es gab ausnahmsweise Schnitzel mit Kartoffelsalat. Wir aßen alles auf, weil es uns so gut schmeckte. Dann holten meine Brüder und ich die Schachtel mit der Eisenbahn und den Schienen. Wir bildeten mit den Schienen einen Kreis, bauten den

Schranken und den Trafo auf, stellten die Lok und die Waggons auf die Schienen und los fuhr der Zug. Endlich konnten wir einmal den Trafo steuern! Wir ließen den Zug abwechselnd schnell und langsam fahren und öffneten und schlossen den Schranken, wann immer wir wollten. Früher hatte immer Papa bestimmt, was gemacht wurde.

Während wir spielten, wusch Mama das Geschirr ab. Sie drehte den Wasserhahn auf und da passierte es: Der Drehknopf riss ab, das Wasser schoss aus der Leitung, Mama schrie auf und versuchte den Wasserstrahl mit einem Geschirrtuch zu stoppen. Zwecklos! Das Wasser schoss weiter aus der Leitung und der Wasserpegel begann in unserer Wohnung zu steigen. Was machte Wolfgang? Er zog sich seelenruhig die Socken aus und ging auf Zehenspitzen wie ein Balletttänzer durch die Wohnung, bis er das Sofa erreichte und sich daraufsetzte. Manfred nahm auf einem Sessel Platz. Er war ganz ruhig und schaute sich das Spektakel aus einer gewissen Entfernung an.

Mama schrie: »Günter, komm her! Du läufst jetzt zur Telefonzelle! Ich gebe dir einen Zettel und du rufst die Nummer an, die auf dem Zettel steht! Da, nimm die 50 Groschen und sag, deine Mama braucht Hilfe! Er soll sofort kommen!«

Ich rannte zur Telefonzelle, die gleich ums Eck war, wählte die Telefonnummer und es piepste. Nach ein paar Sekunden meldete sich eine Stimme, die ich nicht kannte.

Der Mann sagte: »Hallo, wer spricht?«

»Günter«, antwortete ich.

»Wer spricht?«, fragte er nochmals.

»Günter! Meine Mama, Rosa, hat gesagt, ich soll dich anrufen. Sie braucht Hilfe, das Wasser spritzt aus der Leitung. Komm schnell!«

Ich hängte den Hörer auf und rannte nach Hause.

»Er kommt gleich«, sagte ich zu Mama.

Keine zehn Minuten später war er da. Wir hatten die Haustür offen gelassen. Er lief ohne ein Wort zu sagen durch die Wohnung aufs Klo, öffnete ein kleines Türl, drehte den Hahn zu und das Wasser hörte zu spritzen auf.

Mama ging auf den Mann zu, gab ihm ein Bussi und sagte: »Danke, dass du so schnell gekommen bist!«

Er sagte, dass er gleich wieder weg müsse, er würde sich später wieder melden. Mama nahm einen Kübel und einen Fetzen und begann den Boden aufzuwischen. Das dauerte mindestens zwei Stunden.

Ich fragte Mama: »Wer war der Mann?«

Mama rief uns zu sich: »Ich muss euch etwas sagen. Nach den Ferien ziehen wir um!«

Mich traf der Schlag!

»Wohin?«, schrie ich.

»Der Mann, der da war, sein Name ist Franz. Wir ziehen in seine Wohnung, die viel größer ist als die hier.«

»Wo ist das?«, fragten wir.

»Im 12. Bezirk, in der Arndtstraße 17. Wir schauen uns die Wohnung nächste Woche an.«

»Und wo geh ich in die Schule?«

»Ganz in der Nähe«, sagte Mama.

»Ich kenne dort niemanden!«

»Du lernst sicher neue Freunde kennen.«

Und dann fügte sie noch hinzu: »Der Franz ist euer neuer Papa.«

Mit diesem Schlusssatz von Mama konnte ich nichts anfangen.

Wolfgang

Mama bügelte die Wäsche im Wohnzimmer. Es war früher Nachmittag.

Papa kam ausnahmsweise nach der Arbeit nach Hause, blickte auf die fertige Wäsche und sagte: »Da ist die Wäsche vom Franz dabei!«

Mama nahm das locker und rechtfertigte sich damit, dass die Waschmaschine von Franz kaputt sei. Es war in letzter Zeit eine ganz andere Stimmung bei uns. Wir Kinder merkten das und fragten nach.

»Ich lasse mich scheiden!«, kam es knapp von Mama, »und der Onkel Franz wird euer neuer Vater!«

Franz war nämlich schon öfter bei uns auf Kurzbesuch gewesen, aber wir drei hatten uns nichts dabei gedacht, weil die beiden einander schon von der Volksschule in Waldhausen kannten, wenngleich Franz ein paar Jahre jünger als Mama war.

»Wir ziehen in den 12. Bezirk, in die Arndtstraße!«

Mir war das gar nicht so recht, da ich alles Vertraute und Gewohnte verlieren würde: meine Schulfreunde, die Schule, das Jörgerbad, im Winter den Eislaufplatz beim Engelmann, das Zuckerlgeschäft und den Eissalon in der Alserstraße, den Fleischhauer, den Beserlpark und die Alserkirche – traurig! Es gab von Mama auch keine weitere Begründung oder vielleicht ein paar nette Worte von Papa.

Er sagte nicht: »Kommt mich einmal besuchen!«

Er sagte auch nicht: »Wir gehen einmal ins Kino.«

Er sagte gar nichts. Irgendwie ein seltsamer Abschied.

Somit war die Kinderspitalgasse Geschichte.

Nachwort

Wolfgang

Wir haben uns in den Zeiten, in denen wir körperlich und seelisch misshandelt wurden, gegenseitig Trost und Hoffnung zugesprochen. Die körperlichen Wunden verheilten, die seelischen blieben. Wir waren immer eine starke Gemeinschaft, wir drei, und das war auch unser Schutz. Schlechthin war es Überlebenswille, der uns stark machte – und das für das ganze Leben. Einer für alle, alle für einen! Wir sind die drei Musketiere aus der Kinderspitalgasse. Ich bin meinen Eltern für ihr Verhalten nicht böse. Sie waren beide mit vielen Dingen überfordert, in erster Linie mit ihrer Partnerschaft. Und damit schließe ich jetzt das Kapitel Kinderspitalgasse.

Günter

Finale Erkenntnis: Wir Brüder haben zusammengehalten, sonst hätten wir es nicht geschafft zu überleben. Wir waren starke Persönlichkeiten, wir hatten einen starken Überlebenstrieb. Ich bin stolz auf meine Brüder, ich habe sie sehr lieb und sie haben immer einen Platz in meinem Herzen. Danke Manfred! Danke Wolfgang! Euer Bruder Günter, Günter ohne h.

Manfred

Mama und Papa ließen sich 1968 scheiden. Der Umzug von der Kinderspitalgasse in die Arndtstraße im 12. Bezirk markierte auch das Ende unserer Kindheit. Mama heiratete noch einmal. Auch diese Ehe ging schief und wurde geschieden.

Papa verstarb 1987. Er wurde nur 55 Jahre alt. Bei seinem Begräbnis am Zentralfriedhof an einem eisigen Jännertag folgten nur Mama und Günter dem Sarg.

Wolfgang lernte Dreher und arbeitete später in leitender Position bei der Münze Österreich, Günter lernte Orthopädiemechaniker und war zuletzt facility manager an einer Hochschule. Ich studierte Theologie, promovierte in Pädagogik und war zunächst AHS-Professor und dann 25 Jahre lang in der Schulaufsicht für Höhere Schulen tätig. Inzwischen sind wir alle drei in Pension.

Wir sind über Jahrzehnte mit unseren wunderbaren Frauen verheiratet und haben jeder ein Haus gebaut. Günter hat zwei Töchter, Wolfgang heiratete eine Frau, die vier Kinder mit in die Ehe brachte.

Als wir uns einig waren, ein Buch über unsere Kindheit zu schreiben und als die ersten Erinnerungen zu Papier gebracht wurden, ging es Mama gesundheitlich bereits nicht mehr so gut. Sie starb am 12. April 2023 im 92. Lebensjahr.

Wann immer man uns zusammen erlebt, hören wir danach oft, dass es auffallend sei, welch enge Verbindung wir Brüder hätten.

Eines ist uns beim Nachdenken über unsere Kindheit immer klarer geworden, nämlich, wie wichtig es war, dass wir zu dritt waren. Auch wenn wir kaum Worte fanden, einander zu trösten, so waren wir doch immer füreinander da.

Es ist nicht übertrieben, wenn ich sage, dass wir einander bis zum heutigen Tag lieben.

Danksagung

Gerhild, meiner Frau, für ihre Lektorats- und Korrekturarbeit. Als Germanistin sattelfest in Grammatik, Orthografie und Stil hat sie mit sprachlicher Sensibilität wesentlich dazu beigetragen, dass dieses Buch entstehen konnte.

Lis, meiner langjährigen Kollegin und Freundin, für die Gestaltung des Layouts und die Erstellung der Druckvorlage. Ihre reichhaltige Erfahrung als Schriftstellerin bei der Publikation ihrer Werke hat uns viel Zeit, Mühe und Arbeit erspart.